リモートワークの達人たちに学ぶ

家での働き方と
モノ選びと

MdN編集部 編

エムディエヌコーポレーション

テレワーク・在宅ワークで変わる住まいへの意識と実態

新型コロナ禍によってテレワークの実施率や仕事時間に占める割合が増加。コロナの影響があって在宅ワークを開始した人も多い。

ここでは、リクルート住まいカンパニーが2019年11月と2020年4月に行った「働き方と住まいの意識調査」を紹介。

テレワーク・在宅ワークを行う上でどのような変化があり、それにともなう不満や悩みが見えてくる。


（イラスト　ヤマダマナミ）

テレワーク実施率

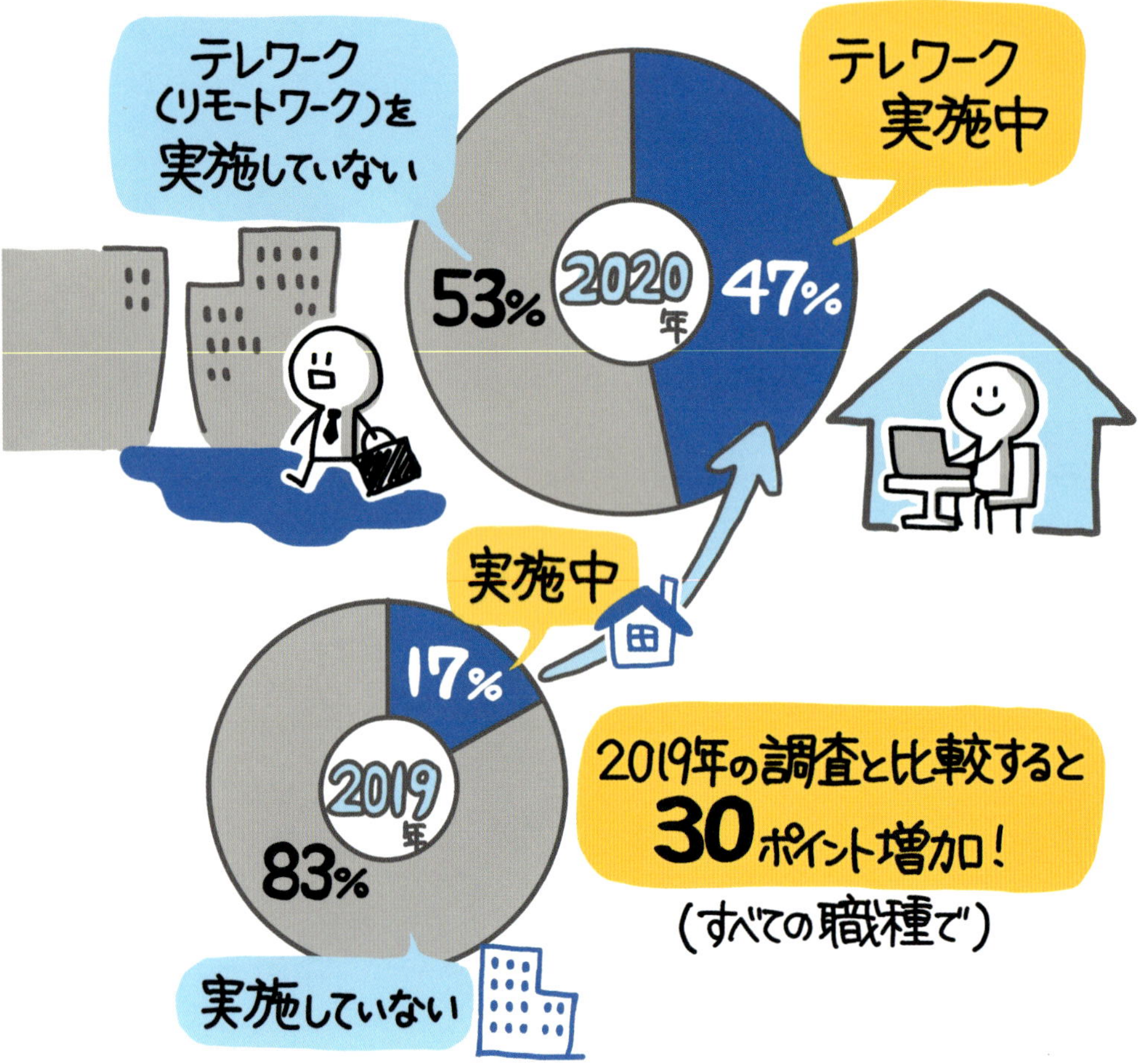

テレワークに際する不満

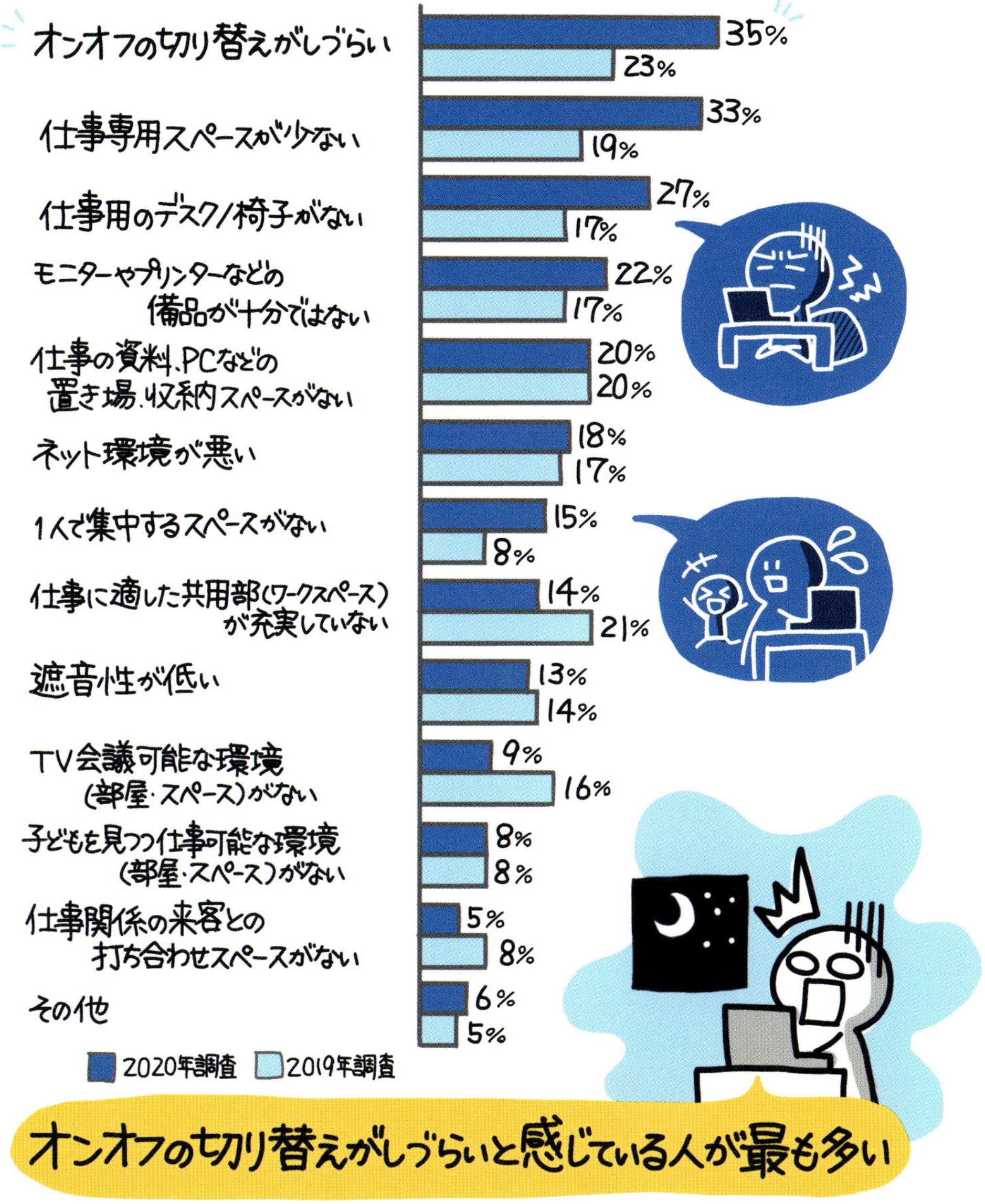

オンオフの切り替えがしづらいと感じている人が最も多い

テレワークの実施場所

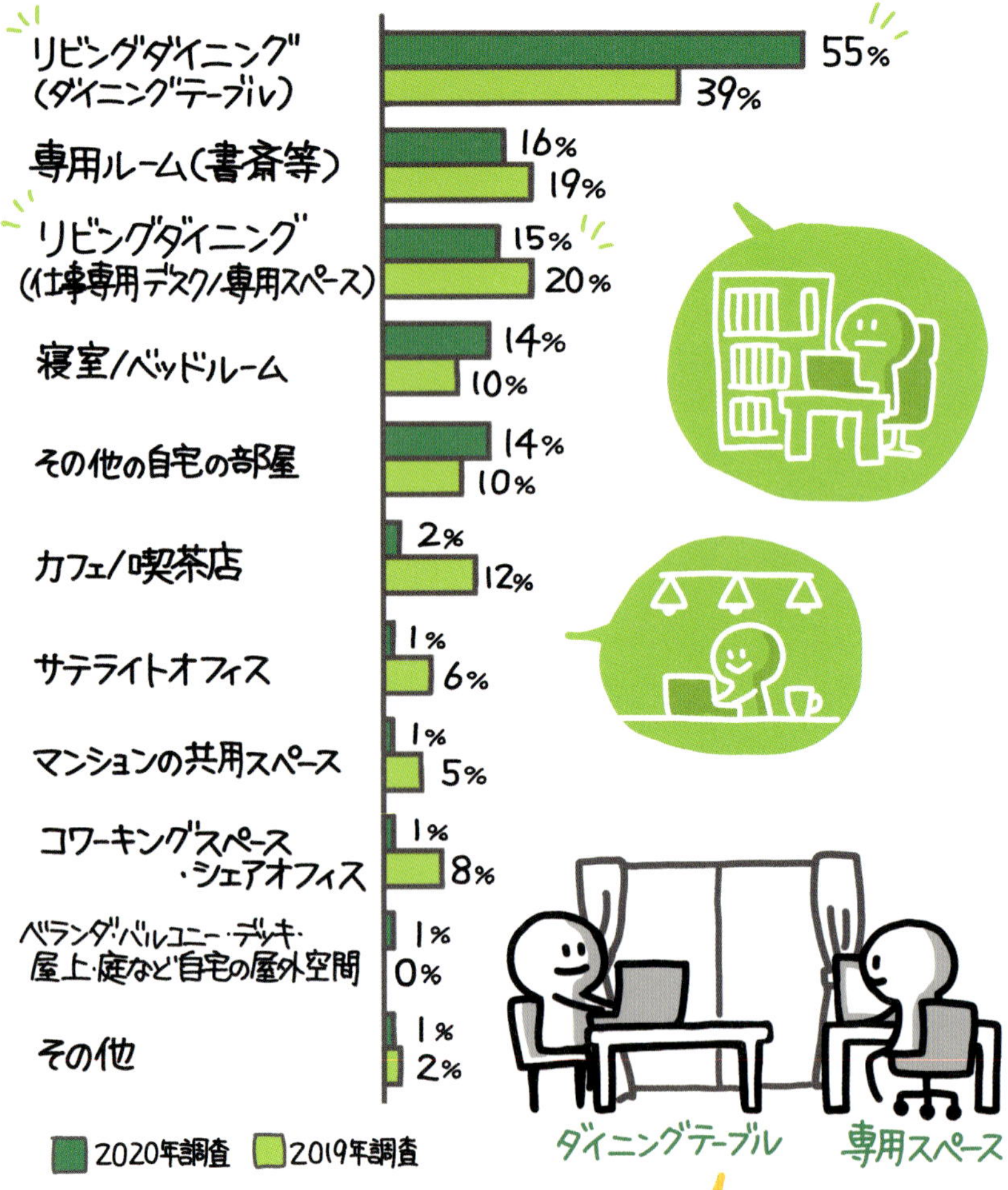

リビングダイニングで実施するテレワーカーが全体で**70%**

オンライン会議の実施場所

狭くても遮音性のある個室需要が高まっている？

オンライン会議の服装

人目を気にしないカジュアルなウエアが多い

今後住み替えたい住宅の希望条件

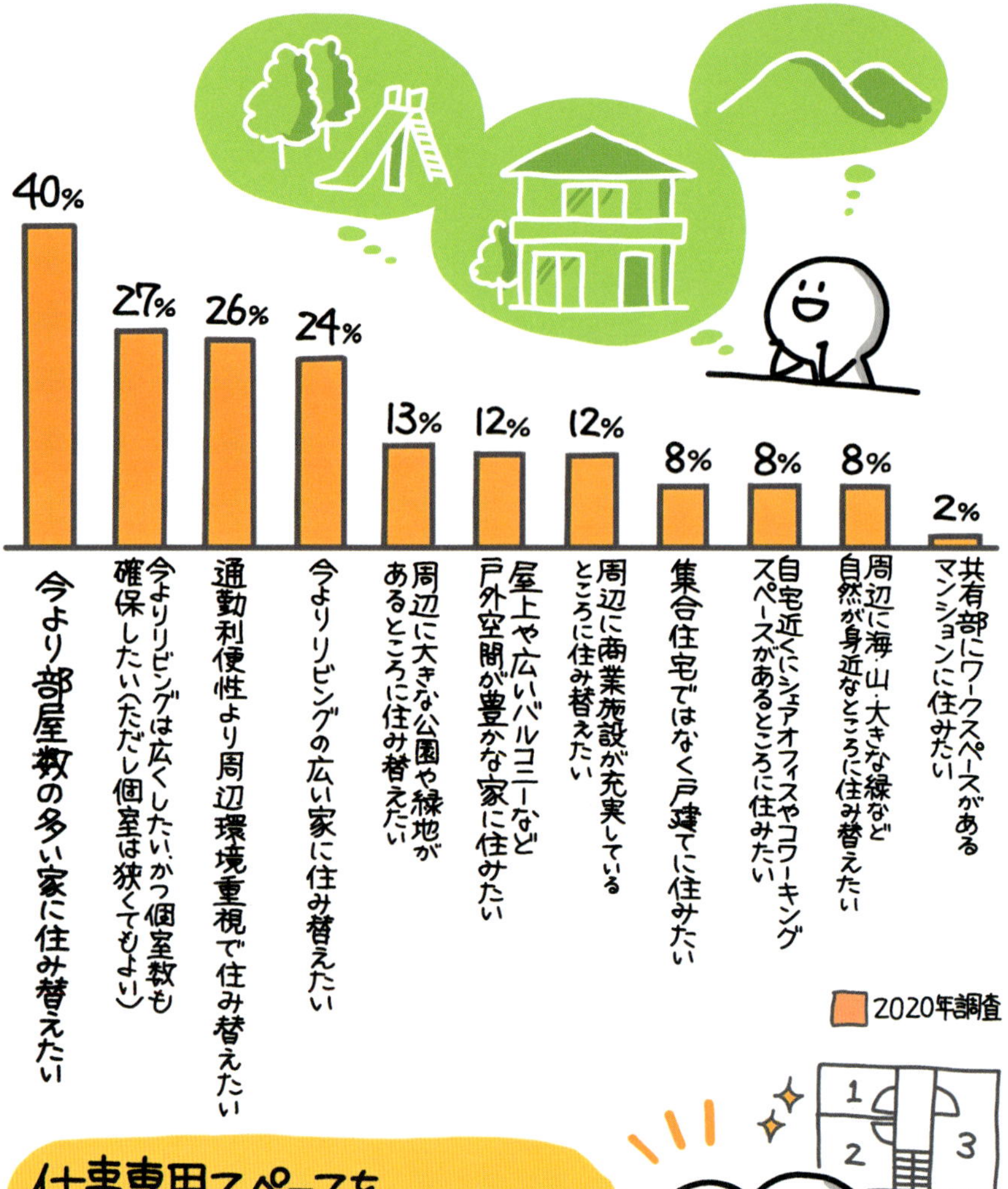

【出典】
「新型コロナ禍を受けたテレワーク×住まいの意識・実態」調査／SUUMO調べ
調査対象：20歳～64歳の男女（スクリーニング調査）で東京都、千葉県、埼玉県、神奈川県、茨城県、栃木県、群馬県、山梨県、長野県にお住まいの方
職業（本調査）は、会社員（経営者・役員）、会社員（正社員）、会社員（契約社員）、会社員（派遣社員）、公務員のいずれか
調査時期：2020年4月17日～4月20日（参考：2019年調査は11月に実施）
有効回答数：9,570サンプル（スクリーニング）、1,390サンプル（本調査）
※いずれも途中離脱回答者は除外　※円グラフは単数回答。棒グラフは複数回答

自宅環境整備の実施した/実施したい理由

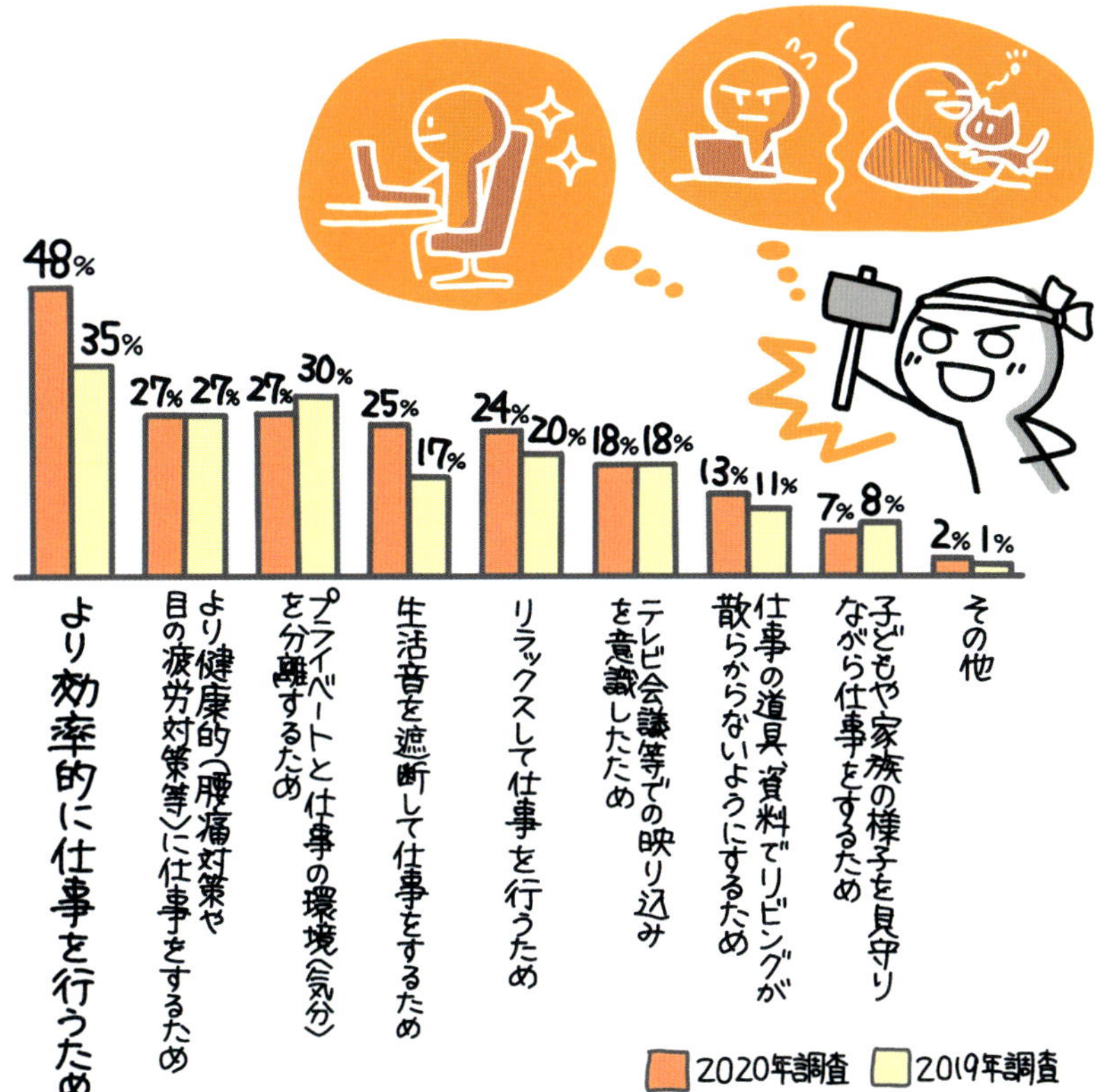

はじめに

新型コロナウイルス感染拡大の影響を受けて一気に進んだ在宅ワーク。
会社ではない場所で仕事をするテレワークやリモートワーク、自宅で仕事をする在宅ワークを続ける人が増えるなか、働きやすい環境を本格的に整えたい人、あるいは在宅ワークで困っている人が多くいらっしゃるようです。

この本では、コロナ禍になる以前からリモートワークを導入してきた人、会社がリモートワークを推奨している人、リモートワークを導入し郊外に引っ越した人、会社でも自宅でも仕事ができるように構築してきた人などに取材を敢行。
作業環境だけではなく在宅ワークの時間の使い方などについて話を伺いました。彼らは、YouTube、Instagram等で多くの支持を得ているベテラン在宅ワーカーたちです。

モノ選びのコツから、座り心地のいい椅子、在宅ワークに最適なデスク、賃貸でもできるワークスペースのつくり方、癒しグッズ、家電やガジェットなどもたくさん紹介しています。

あなたの在宅ワークをより快適にするアイデアやヒントがきっと見つかることでしょう。

MdN編集部

目次

STYLE01
在宅勤務で問われる
メンバーとのコミュニケーション術。
PIRORI

ぴろり

IT企業OL / 週末YouTuber
YouTube channel　[IT企業OL ぴろり]

会社員×週末YouTuber 二足のわらじで在宅ワーク

　都内のIT企業で働くぴろりさんは現在、毎日自宅で仕事をしている。ぴろりさんの会社では昨年3月より在宅ワークを導入、出社は2~3か月に一度程度で、今後も在宅での勤務が続きそうだという。在宅ワークを始めたばかりのころ、ぴろりさんはリビングで仕事をしており、「ローテーブルとソファでPCをしていたら腰が痛くなってきた」ため、作業環境をアップデート。リビング横にワークスペースを設け、家具のレンタル・サブスクリプションを活用してデスクまわりを整えた。郊外に越してからは電動昇降デスクをDIYでつくり、専用の個室で快適に在宅ワークを行っている。

　在宅ワークになってからは無駄な会議が減り、「ごあいさつ方々対面で打ち合わせをするのが苦手で、リモートになって気がラクです」とぴろりさん。移動の必要もなくなり、「主人とゆっくり過ご

外出自粛をきっかけにYouTuberに
もともとWEBでの情報発信が好きで、学生時代からブログを書いていたぴろりさん。[note] に投稿するつもりで書き出していた、在宅ワークにおすすめのアプリやサービスなどを動画で発信しようとYouTubeにチャレンジ。

せるようになったのはうれしい」と話す。
週末ともなればYouTuberに変身。YouTubeは在宅ワークを機に始めたことのひとつで、週1で配信している。たまの出社で片道1時間半ほどかけて通勤する際は、移動の電車内でスマホで動画編集を行っているそうだ。

YouTubeでは楽しそうに歌って躍る姿も
YouTube黎明期、中学生だったぴろりさんは、テレビで観ていた大好きなアイドルがYouTubeで見れることに衝撃を受け、毎日視聴するように。アイドルの振付コピー「踊ってみた」動画をアップしていたこともあるという。

姿勢よく仕事ができるように昇降デスクのDIYにチャレンジ

効率よく仕事をしたいというぴろりさんは、「いかに姿勢よく仕事ができるか」を基準にワークスペースのアイテムを取りそろえている。導入してよかったもののひとつが昇降デスク。これまでDIY経験のなかったぴろりさんだが、「在宅ワーク環境を整えるためなら」と一念発起。タッチパネルで自在に高さ調整ができる電動式の脚に、自分で塗装を施した天板を取り付けてデスクを組み立てた。

姿勢が悪くなると腰を痛め、作業に集中できず、パフォーマンスも下がってしまう。そのため、在宅ワーク環境を快適にするには、デスクやチェアの使い心地を一番に考えたほうがいいという。また、昇降デスクを導入したことで座りっぱなしの状態にならず、立って伸びをしたり足をブラブラさせたりと、適度にカラダを動かすことができるようになったのもメリットだそうだ。

外部モニターの導入で正しい姿勢に
ノートPCなど小さいモニターだと、どうしても猫背になりがち。そこで、大きめの外部ディスプレイとBluetooth対応のキーボードを合わせて、無理のない姿勢でタイピングができるようにした。

腰の負担を軽くするチェア
座り心地とヒジ置きに注目して、[SALIDA CHAIR YL5（ITOKI）]をチョイス。腰にかかる負担を軽減してくれる構造で、ラクな姿勢で作業ができて効率アップ。背もたれによりかかって背筋を伸ばすこともできる。

一日中座りっぱなしにならないように
[電動昇降スタンディングデスク E3 脚フレーム（FlexiSpot）]に、パイン材の天板を設置。一日中座りっぱなしにならないように始業時と終業前は昇降デスクの高さを調節し、立ち姿勢で仕事をしている。

ワークスペースは黒 プライベート空間は白

2LDKの自宅は、ワークスペースとプライベート空間を完全に分けている。ワークスペースは気分が引き締まる黒色に、プライベート空間はリラックスできる白色を基調にコーディネートしたという。空間を分け、色でメリハリをつけたことで気持ちが切りかわり、これまであいまいになっていたオン・オフの切りかえもできるようになった。

ブラインドを調節して自然光を入れる
時間帯に合わせてブラインドをこまかく調節。ワークスペースには朝から昼にかけて日が差し込み、午後のリモート会議の際も自然光で顔が明るく見えるのだそう。カーテンレールに取り付けられるタイプが賃貸におすすめ。

before

after

自分好みのテイストの壁紙に
WEB画像をピン留めできるアプリ[Pinterest]で理想の空間をイメージしていたところ、「オシャレな部屋のポイントは壁紙にあり」と気づいたぴろりさん。一念発起して、3時間ほどかけて壁紙を張り替えた。

部屋のイメージが一変

復元可能な壁紙DIYで気分を一新

賃貸でも取り入れられるアイデアをぴろりさんがご紹介。壁紙を張り替えて空間のイメージをガラッと変えると、仕事に集中できる環境をつくることができる。

在宅ワークを行ううえで、「いかにワークスペースを充実させるか」に重点を置くぴろりさん。引っ越しを機に新たにデスクまわりを整えていくなかで、壁紙の張り替えにもチャレンジした。張ってはがせる壁紙（WALPA）を購入し、「モルタル調のかっこいい空間」を見事につくりあげた。壁の一面を変えるだけで部屋のイメージが一変するのがわかる。

図や絵を用いて説明したいときに

28歳になった自分への誕生日プレゼントは［iPad Air（第4世代）］（Wi-Fiモデル/256GB）&［Apple Pencil（第2世代）］。ペンで描いた図や絵、メモをそのままSlackなどで送信できるため、作業効率がアップする。

ワークスペースを移して気分転換

時にダイニングもワークスペースにしているぴろりさん。ダイニングセット（LOWYA）は、キッチン脇の通路に置ける適度なサイズ感。姿勢を正して座ることができ、座面がクッションになっているのもよかったという。

スマート家電が在宅ワークで大活躍

ワークスペースの照明をスマートライト（Philips Hue）に替え、［Amazon Alexa］と連携させて調光。会議中は音声をミュートにしてAlexaにお願いすれば、中座せずに明るさをコントロールできる。

リモート会議の隙間時間を無駄にしない

在宅ワークを快適にするためのイチ押しアイテムのひとつ。リモート会議の合間で、お湯を沸かすには時間が足りない……そんなとき、すぐにお湯を注げるウォーターサーバーがあれば、時短で飲み物を用意できる。

作業効率&やる気を上げる在宅ワークの工夫とモノ選び

在宅ワークにおいて作業効率を上げるために、「午前中は一人で作業するタスクに集中して、会議はなるべく15時以降に設定しています」というぴろりさん。その日の仕事の配分を自分でコントロールし、定時で区切りをつけられるよう試みている。

また、在宅ワークを快適にするには、「作業効率が上がるか、テンションが上がるか」を基準にしたモノ選びがポイントだそう。購入前にAmazonやYouTubeのレビューをくまなくチェック。「どんなによい商品やサービスでも、自分にとっては使い勝手の悪い面もあるはずなので、そのデメリットを考慮したうえで購入するのがいいと思います」と、モノの良し悪しの両面に目を向けることが大事だと話す。〝自分にとって何が大切か〟を見極めようとする、ぴろりさんならではの視点といえるだろう。

リモートでのコミュニケーションの工夫とアプリの活用

リモートでのコミュニケーションは、「シンプルで効率性が求められるので、私には向いています」とぴろりさん。なかでもチャットツールのようなテキストコミュニケーションは、要点をおさえれば無駄のないやりとりとなるため、仕事がはかどるのだという。テキストコミュニケーションで心がけていることは、例えばSlackでチームメンバーとやりとりをする際、テキストに絵文字を入れて、相手にやわらかい印象で伝わるように工夫している。また、マーケティング部のマネージャーとして人に指示を出すことも多いため、Twitterなどで相手の近況をキャッチアップし、5分ほど雑談をしてから本題に入るよう意識しているそうだ。リモート会議では、メンバーが受け答えをしやすいように名指しで話をふるなど、コミュニケーションが円滑になるよう気を配っている。

after

before

リモート会議で使える便利で楽しいアプリ

カメラアプリ［Snap Camera］を使い、Zoomでリモート会議。ユニークなバーチャル背景を設定して場を和ませることができるほか、顔にフィルターをかければメイクをせずに顔出しすることもできる。

円滑なリモートコミュニケーション&在宅ワークの時間管理に

便利なアプリやサービスを活用して、在宅ワークを快適に。ぴろりさんが利用しているイチ押しをご紹介。

画像加工アプリ
［Snap Camera］

PCカメラで撮影している映像をリアルタイムで加工し、バーチャル背景やARメイクなどが設定できる。Google meetやZoomなどさまざまなツールで使える。

チャット音声通話アプリ
［Discord］

作業をしながら音声だけでつながることができるため、ミーティング以外でチームメンバーと利用。「気軽に質問できるところもいい」とぴろりさん。

AI音声認識サービス
［Amazon Alexa］

スマートスピーカーの「マイ定型アクション」は、決まった時間にリマインドをしてくれる。ダラダラしがちな在宅ワークの時間管理におすすめ。

キーボードを打つ指はいつもさらさら
長らく愛用している［レスレクション ハンドバーム(Aesop)］は、「ちゃんとうるおうのにベタつかない」ところがポイント。手や指がさらさらになり、ベタつき感や汚れの付着を気にすることなくキーボードが打てる。

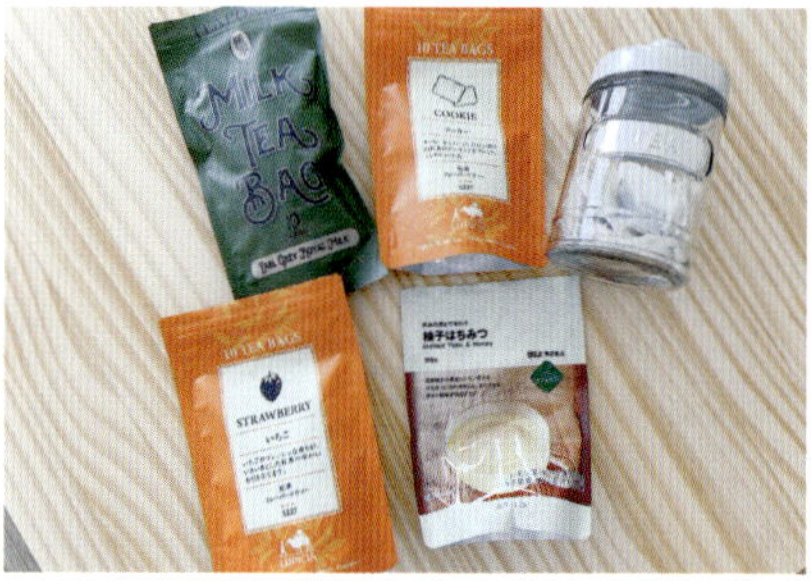

香りで気分が上がるおうちドリンクバー
柚子はちみつ（無印良品）やフレーバーティー(LUPICIA)など、お気に入りの飲み物をそろえ、香りでリフレッシュ。飲み物を取りに立つことで、座りっぱなしの状態になるのも防げる。

リモート会議中にも気分転換は必要
爪と指先を保湿するネイルオイル［13:00 (uka)］で、リモート会議中に気分転換。爪の根元にボトルの先をコロコロしてオイルを塗布。指先からほのかに香り、気分がシャキッとしたり癒されたり。

気分を一新したいときにワンプッシュ
普段ベッドルームで使っている［オロウス アロマティック ルームスプレー(Aesop)］は、PC作業中にもお役立ち。シダーのウッディな香りが室内に広がり、まるで森の中にいるような感覚に。

在宅ワークに新たに取り入れた香りアイテムが大活躍

在宅ワークになってからぴろりさんが始めたこと。YouTubeチャンネルの開設、DIY、キャンプ、自宅のスマートホーム化などなど、在宅ワークにならなければやろうとも思わなかったことにチャレンジするのは楽しいそうで、「家でできる好きなことを見つけられたのは何よりです」と話す。何かを新しく始めることで変化が生まれ、毎日を楽しく過ごすことができるようになるという。

在宅ワークなって香りアイテムを生活に取り入れるようになったのも、気分にも変化をつけたかったからだそう。テンションが上がったり集中力が増したり、リラックスできたり疲れが癒えたりと、香りが持つ力や魅力に気づいて集め始めたという。ワークスペースで使うもの、バスタイムに使うもの、カラダにまとうものなど、香りアイテムは今やぴろりさんにとってなくてはならないものに。

デスクまわりの癒しアイテムたち

羽根をモチーフにしたリードが愛らしいディフューザー（TENERITA）は、デスクに飾るのにちょうどいいサイズ感。ミニ観葉植物・パキラ（Can★Do）に水やりをしていると、新芽が出てきて癒されるのだそう。

家でも香水をつけてテンションを上げる

外出時につけている香水［REPLICA-SPRINGTIME IN A PARK（MAISON MARGIELA）］は、在宅ワークでテンションを上げたい日にも使っている。フローラル＆フルーティな香りと、シンプルなデザインもお気に入り。

おまけ

頭皮マッサージで在宅ワーク疲れを解消

シリコン製の頭皮用ブラシ［scalp brush kenzan（uka）］でマッサージをした後、頭部を湯舟に浸けていると、疲れがすっと消えていくのだそう。スカルプクレンジング［Deep & Light（uka）］と合わせて使うと◎。

甘い香りに包まれる癒しのバスタイム

ストレスを感じたら香りで癒されるバスグッズがおすすめ。お肌がすべすべになるというバスソルト（Kneipp）は、バニラ＆ハニーの香りがお気に入り。トライアルセットで7種類の香りを試すことができる。

おうち時間・空間を豊かにする＆ワークスペースを快適にする

在宅ワークが長引くなかで、毎日楽しめるアプリやワークスペースを整えるのに役立つサービスをご紹介。

日記アプリ［MOODA］

その日の気分に合った表情のアイコンを選択し、文字を入力するだけの日記アプリ。「とにかくかわいくてシンプルなので続けられる」とぴろりさん。

画像シェアアプリ［Pinterest］

好きな写真を自分専用のボードにピン留めしてシェアできるサービス。他のユーザーのボードを見てアイデアを取り入れることもあるのだそう。

レンタルサービス［airRoom］［Rentio］

家電や家具などを気軽にレンタルできるサービス。試しに使えて気に入れば購入も可能。月額制（サブスク）や日割（例：3泊4日～）で利用できる。

※日割は［Rentio］のみ

朝に好きなことをする時間を仕事は定時に上がれる工夫を

朝の時間を大事にしているぴろりさんは、「自分の好きなことをしてから一日を始めると、心にゆとりが生まれる気がします」と話す。時間がとれた日はモチベーションが上がり、時間がとれなかった日は余裕のない現状をふり返っているという。また、「仕事の合間に家事は一切しない」と決めており、昼食後の食器洗いなどは後回し。コアタイムは完全に仕事に集中できる状態にして、定時で切り上げるよう工夫している。家事は朝と仕事終わりにできる範囲で行うなど、「無理をせずに続けられることを、決まった時間に行う」のがルーティン化するコツだと話す。カラダを動かすことにしても、長く時間をとって運動するのは苦手だそうで、5分もあればできる朝のラジオ体操や腹筋など、自分の性分に合ったものだけを取り入れている。ぴろりさんの工夫に学ぶところは大きいだろう。

毎日欠かさず カラダを動かす

ぴろりさんの一日は、社会人になってから日課にしている朝のラジオ体操に始まる。在宅ワークになって、YouTubeを観ながら朝は[のがちゃんねる]の腹筋、夜は[オガトレ]の開脚ストレッチを取り入れた。

選りすぐりの ソファでリラックス

おうち時間を快適にするためにソファを新調。二人でくつろげる大きさ、ロボット掃除機が通る高さ、幅の細いひじ置き、圧迫感のない色、やわらかすぎない座り心地、といった希望に適った[RAUFA (unico)]を購入。

ある日の24時間

00:00
01:00
02:00
03:00
- 睡眠
04:00
05:00
06:00
07:00
- ラジオ体操、腹筋（YouTube［のがちゃんねる］を観みがら）
- 掃除
08:00
- 朝食
- 朝コーヒーを買いに散歩
  好きなことをする
09:00
- ［Googleカレンダー］で本日のタスク整理
  YouTubeアナリティクスのチェック
10:00
- 仕事（作業系のタスク）
  ★午前中はなるべく会議を入れない！
11:00
12:00
- チーム朝会
13:00
- 昼食
  （外で食べる or コンビニに買いに行く）
  ★ランチタイムはなるべく外に出る！
14:00
- 仕事（会議系のタスク）
  （30分単位のミーティングを平均2～3回）
  ★ごはんを食べた後は眠いので……
  しゃべってなんとか眠気を覚ます！
15:00
16:00
- 小休憩
17:00
- 仕事
  ★座りっぱなしはキツイので昇降デスクを上げて立つ！
18:00
- ★仕事はなるべく定時で切り上げる！
19:00
- 家事（食器洗い・洗濯・風呂掃除など）
20:00
- 夕食
21:00
- お風呂
22:00
- YouTubeの動画編集
- ストレッチ
  （YouTube［オガトレ］を観ながら）
23:00
- 睡眠
24:00

07:15

大好きな掃除は朝の日課
［クイックルワイパー（花王）］でササッと床をきれいに。毎朝の掃除は簡単に済ませている。

08:30

コーヒーを買いに近所をお散歩
朝はコーヒーを買いにスターバックスへ。散歩がてら朝日を浴びて、体内時計をリセット。

18:30

仕事は効率よく時間通りに
ダラダラと仕事せず、なるべく定時に終了。やり残した分は翌朝に帳尻を合わせている。

STYLE02

生産性&集中力がアップする、ワークスペース構築術。

Tappei Noyori

野依達平

YouTuber / プロダクトデザイナー
Instagram　https://www.instagram.com/crossty.design/
YouTube channel　［CROSSTY / 野依達平］

エビデンスに基づいて検証し在宅ワーク環境を最適化する

独立前はプロダクトデザイナーとして、企業でものづくりに携わってきた野依達平さん。当時の勤め先ではコロナ禍以前にも、一部の役職者や産休・育休を取得中の社員を対象に在宅での勤務制度が導入されていたそうだが、野依さん自身は独立してから初めて在宅ワークを経験。会社員時代にネットビジネスやYouTubeに興味を示し、動画の撮影や編集について学ぶうちに徐々にデスクまわりを整え始め、昨年1月から本格的に在宅ワークへと移行した。

野依さんは当初、気づけば夜遅くまで仕事をしていて時間管理がうまくできず、また、自宅では気が散ってなかなか作業に専念できなかったそうだ。そこで、集中力や生産性向上に関連した研究に着目し、書籍やWEBサイトで調べ、在宅ワークに役立つノウハウを蓄積していったという。便利なモノをただ取り入れるだけ

Desktop Background © Quang Nguyen Vinh

美しく快適なホームオフィスに

独立後に郊外へ引っ越すとともに、自宅の一室をオフィス化。より快適な環境でクリエイティブ活動ができるようにと、課題点を見つけては検証を行い、少しずつ手を加えながら理想の空間に近づけていく。

物理的な距離を超えて実現可能に

どこにいてもリモートでやりとりができるようになり、例えば福岡の母校からの依頼を受けるなど、「物理的な距離に関係なく人とつながり、できることが増えたのはよかった」という野依さん。

でなく、デザイン性や機能性に優れたモノ選びにこだわり、美しく快適に使えるアイテムを探し求めては在宅ワーク環境をアップデートしている。それらの情報を整理し、図表を交えて要点をわかりやすくまとめ、YouTubeで配信。野依さんの解説には、在宅ワークを快適にするための知恵が詰め込まれている。

在宅ワークがはかどる快適なホームオフィスをめざす

以前住んでいた1Kの賃貸では、7帖ほどの一室にいかに快適なワークスペースをつくるか、を考えてデスクまわりを整えていった。そのときの工夫をベースに、広めの空間に引っ越した現在は仕事とプライベートで部屋を分け、本格的にホームオフィス化を進めている。ワークデスクは2台設置し、一方ではPC作業を。もう一方では読書をしたり紙にアイデアを書いたりと、アナログでインプット&アウトプットする作業に使用。デスクを変えることで脳がリセットされるという。会社員時代にはやっていなかったことを新たに始め、行動に移しているそうで、「まずは完璧をめざさず小さく始めて、徐々に生活に組み込んでいっています」と話す。1週間にひとつずつでも新しいコトやモノを取り入れながら、環境は数年かけて整えていくものだと、野依さんは実感しているようだ。

デスク上はシンプルに常に美しく整理整頓
「モノが多いからこそ整理整頓する意識が働いています」という野依さん。アイテム類はなるべく目につかないように収納し、整然としたデスクまわりを常にキープしている。

目の疲れの解消には調光が重要に
自動調光機能を搭載した［ScreenBar Plus（BenQ）］を、モニター上部に取り付けて省スペース化に。光が画面に反射することなく、コントローラーで微調整も可能。

スマートライトでクール感を演出
自在に曲げて切って使えて、両面テープで簡単に設置できるスマートLEDライト［ライトリボン プラス（Philips Hue）］をデスク裏に取り付け。スマホやスマートスピーカーで操作できる。

スイッチでデスクを昇降 仕事中にカラダを動かす

仕事の合間、電動昇降スタンディングデスク（FlexiSpot）の高さを調節し、姿勢を変えている。目安として30分の作業時間のうち、20分は座り8分は立って作業、2分は動き回るのがベストだそう。

デスクチェアには投資の価値あり

在宅ワークを行ううえで最優先に考えるべきは、何よりチェアだという野依さん。愛用中の［アーロン リマスタード/ミネラル（Herman Miller）］はかなり高価な代物だが、今やなくてはならないワークアイテムに。

デスク上がスッキリ＆空きスペースを活用

モニターアームを導入してディスプレイ下にスペースを設け、デスクの手前で作業ができるように。最大32インチ対応のクランプ式の［GH-AMCG01（Green House）］は、画面を前後に動かせる5軸タイプ。

スマートスピーカーで効率化を図る

スマートスピーカー［Echo Spot（Amazon）］を活用し、音声操作＋グラフィック表示で情報を取得。デジタル時計の文字盤のカスタムも、Echo Spotと連携させた照明の操作もできる。

カラダに負担のかからないアイテムを

キーボード＋外付けテンキーは［Keyboard for Business USB Port 5KV-00006］、マウスは［Precision Mouse］で、ともにMicrosoft製品を愛用。人間工学に基づいたデザインのため、使いやすく疲れにくいという。

情報を俯瞰しながら思考を整理

デスク上に一覧性が高い紙媒体を広げると、すぐに情報にアクセスできるため、アナログツールを活用して思考を整理。複数同時に広げれば、俯瞰して情報を見比べながら考えることができる。

［コネクトホルダー（ポスト・イット/3M）］

3色に分けた付箋使いでタスク管理や情報整理を

その日のToDoを［メイン作業］［サブ作業］［プライベート］で3色の付箋に書き分けている。ディスプレイのベゼル部分に貼ることで、今やるべきことがすぐに確認できて、優先順位の入れ替えも簡単にできる。

アナログツールを活用して デスクワークの効率化を図る

在宅ワークにおいて集中力や生産性を高めるために、これまでさまざまな方法を検証してきた野依さんは、「アナログツールでしか享受できないメリットがある」ことに気づいたという。

デジタルツールの場合、電源を入れたり、ブラウザを切りかえたりする必要があるため、情報をすぐに確認できず、ついSNSの通知やWEBの広告などに気を取られてしまうことも多い。また、ディスプレイのサイズによっては、情報をいくつも広げて俯瞰で見ることができないのがデメリットに。これらの問題を解決するために、アナログツールの活用をすすめるという。野依さんは付箋とコピー用紙、ボールペンをいつも手元に置き、手書きでタスクの管理や思考を整理することで、デスクワークを効率よく行っている。手書きでメモをすると記憶に定着しやすいそうだ。

デスクワークにおける集中力&生産性アップ術

ここでは集中力を高め、仕事の生産性を上げるための工夫を、〔視覚〕〔意識〕〔休憩〕の3つに分類して野依さんがご紹介。どれもエビデンスに基づいており、すぐにでも実践しやすい内容だ。

視覚

[ScreenBar Plus (BenQ)]

最適な明かりで作業する

調光可能なデスクライトで色温度を変え、作業しやすい環境に。集中力を高めたいときは青白い光に、アイデアを考えたりくつろいだりするときは黄色い光にするといいそうだ。

休憩

[BOTTLIT キャニスター/150ml (KINTO)]

間食にナッツ類を食べる

食後3時間は血糖値が低下しているため集中力がダウン。作業中の間食には、集中力を高める栄養素を含むナッツ類がおすすめ。

視覚

デスク上に観葉植物を置く

デスクの上に植物を置くと、生産性が15%上がったという研究報告があるそうで、仕事中に視界に入るようモニターの脇に置いている。

意識

[kitchen timer (TAGlabel by amadana)]

25分集中＋5分休憩

単純作業はポモドーロテクニックで、集中と休憩を一定時間でくり返す。時間を区切ると締め切り効果が生まれ、集中がアップする。

意識

[Anker PowerWave 10 Pad (Anker)]

スマホは手元に置かない

ワークスペース以外の場所にワイヤレス充電器を設置して、スマホの定位置に。そこに置く習慣をつけ、物理的に距離をとること。

ウィンドウを横並びに

横長の大型ディスプレイは、2つのウィンドウを同時に広げて使えるため作業効率がアップ。情報を俯瞰して見ることもできる。

視覚

[ウルトラワイドモニター/34インチ/21:9 (LG)]

20～30分の仮眠をとる

短時間の昼寝で、認知能力が34%、注意力が54%上がったという研究結果も。光を遮断して目のまわりを温め血流をよくすると◎。

休憩

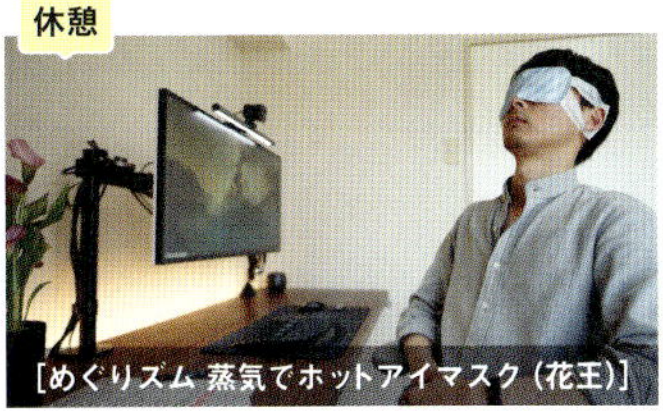

[めぐりズム 蒸気でホットアイマスク (花王)]

仕事とプライベートを完全に分け生産性&集中力をアップさせる

在宅ワーク環境を整えるうえで野依さんが特に意識しているのが、「仕事とプライベートを分ける」こと。この2つを混同すると生産性や幸福度が下がるとの研究報告もあるそうで、「線引きは難しいですが、なるべく分けて仕事に集中できる状態にしています」と話す。使うアイテムもそれぞれ別にして分けている。

1つめの工夫は「スペースを分ける」こと。部屋を分けたり家具で空間を仕切ったりするほか、ここでは仕事、ここではくつろぐ、と2つのエリアの用途を意識して気持ちを切りかえているという。2つめは「スマホを分ける」ことで、スマホを2台持ち、一方には仕事関連のアプリだけを入れ、もう一方はオフの時間だけ手元に置くという。さらに、「SNSのアカウントを分ける」ことで仕事に関係のないコンテンツは表示させず、エンタメの誘惑に負けないようにしているそうだ。

デジタルとアナログで作業エリアを分ける

以前はワークデスクを左右に分けて、一方のエリアでPC作業を、もう一方では書籍や紙などを広げて調べものを。現在はPCデスクと対になるところに、もうひとつワークデスクを置いてアナログ作業をしている。

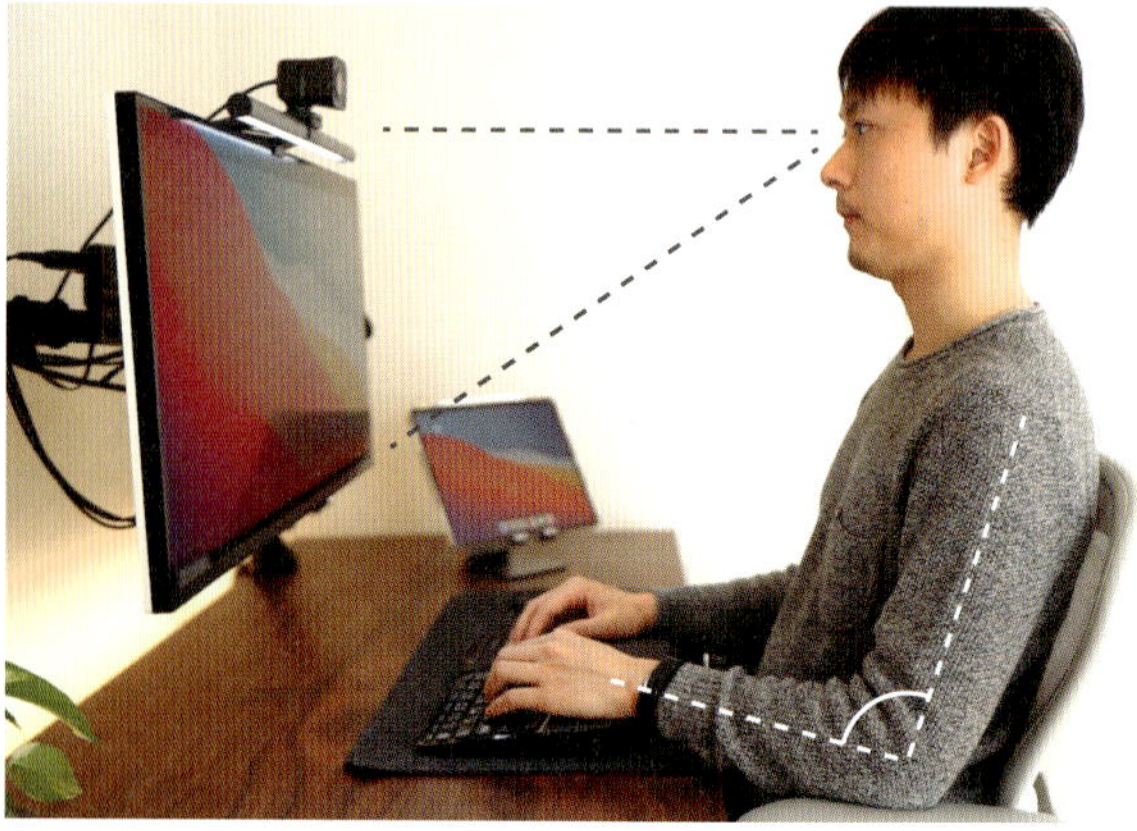

ひじ・腰・ひざを直角に正しく座って生産性アップ

ひじ・腰・ひざを直角に保つと姿勢がよくなり、作業が快適に。ひじの角度が90度になるようチェアの高さを調整。デスクトップの場合、ディスプレイの上部と目の高さは同じに、距離は40～50cmとること。キーボードはカラダの近くに寄せ、[H] キーが正面にくるように置くと◎。

在宅ワークを快適にする ワークスペースの整理術

雑然としがちなワークスペースに悩みを抱える人は少なくない。そこで、在宅ワーク環境を快適に整えるための4つの整理術を、野依さんがポイントをしぼって解説。くわしいハウツーはYouTubeでチェックを。

整理術1 デスク上＆デジタル上

使わないものを片づける＆表示させない

ワークデスク上はいつも整理整頓。モノは定位置に＆目につかないように収納。デジタル上では、例えば、ウィンドウのタブはなるべくすぐに消す、ブックマークバーは非表示に、ショートカットキーは置かないようにするなど、気を散らさない工夫を。

整理術2 書類

デジタル×アナログのハイブリッド使い

出し入れがラクで目的のものを探しやすい、個別フォルダー（コクヨ）を活用した収納方法。大中小でカテゴリーを分類し、［テプラ/Lite LR30（KING JIM）］を使ってアプリでラベルを作成。書類をなるべく隠しつつ、取り出しやすいように工夫している。

整理術3 配線

配線はデスク下に収納して見えないように

PCまわりの配線や電源タップはすべて、ケーブル収納BOX［EKC-BOX001B（ELECOM）］に入れてデスク下に。天板の裏面にケーブルオーガナイザーを取り付ける方法もあり。マグネットタイプのケーブルホルダー（YESIDO）も配線整理に便利。

整理術4 文具

こまかい文具は見せない収納で整理

ステーショナリーケース［FLIPTRAY（NuAns）］は、デスク横のペントレイとして、フタを閉じれば持ち運べるペンケースとして両使いが可能。デスクの天板裏に両面テープで取り付けられる引き出しタイプの収納トレイ（KesaPlan）もおすすめ。

時間を決める・区切ることで在宅ワークのリズムをつくる

　在宅ワークを始めて半年ほどは、昼夜が逆転してしまい生活リズムが乱れ、自己管理の難しさを痛感したという野依さん。そこで、とにかく気を散らさないための工夫を取り入れ、時間を決めて行動するようになると、次第に生産性が上がっていったそうだ。例えば、メールやSNSをチェックする時間や回数を決め、集中力が途切れないように。生産性が低下するマルチタスクは行わないよう、毎朝仕事内容を見直し、その日にやることを整理して、一定の時間でやることを切りかえている。同時に、集中力や生産性を上げるには「何より休むこと」、オン・オフの切りかえが大切なことに気づいたという。

　野依さんは今後も時間の使い方や行動をコントロールしながらワークスペースを整え、さらに快適な在宅ワーク環境へと最適化していくだろう。

行動記録data

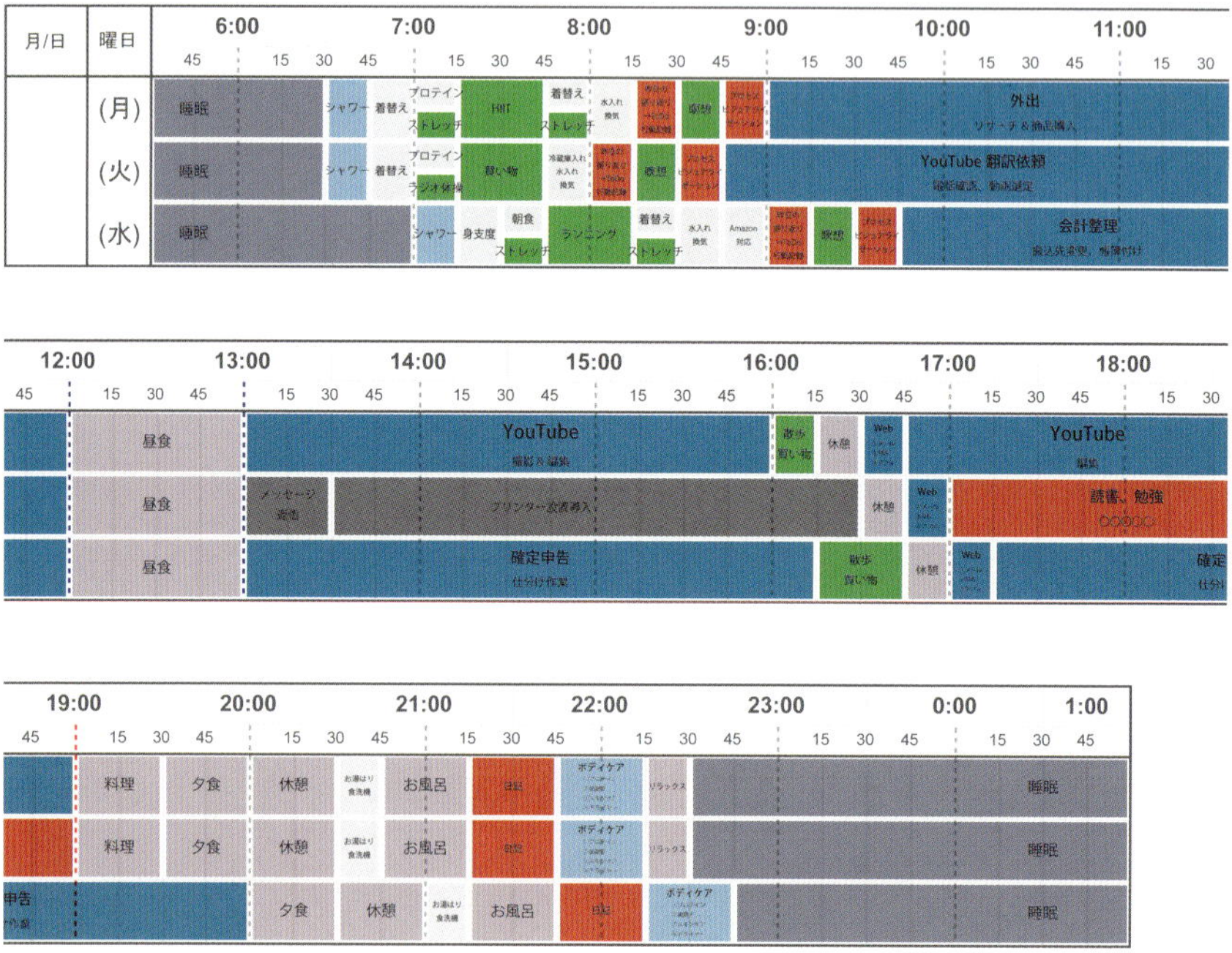

※スケジュールはイメージです

時間の使い方を記録してふり返り、行動を改善する

一日をふり返り、時間をどのように使ったかを15分単位で記録しているという野依さん。この行動記録をもとに、気になったことを日記に書き出して改善につなげるという。PDCAサイクルで具体的に実行、着実に改善できるよう工夫している。

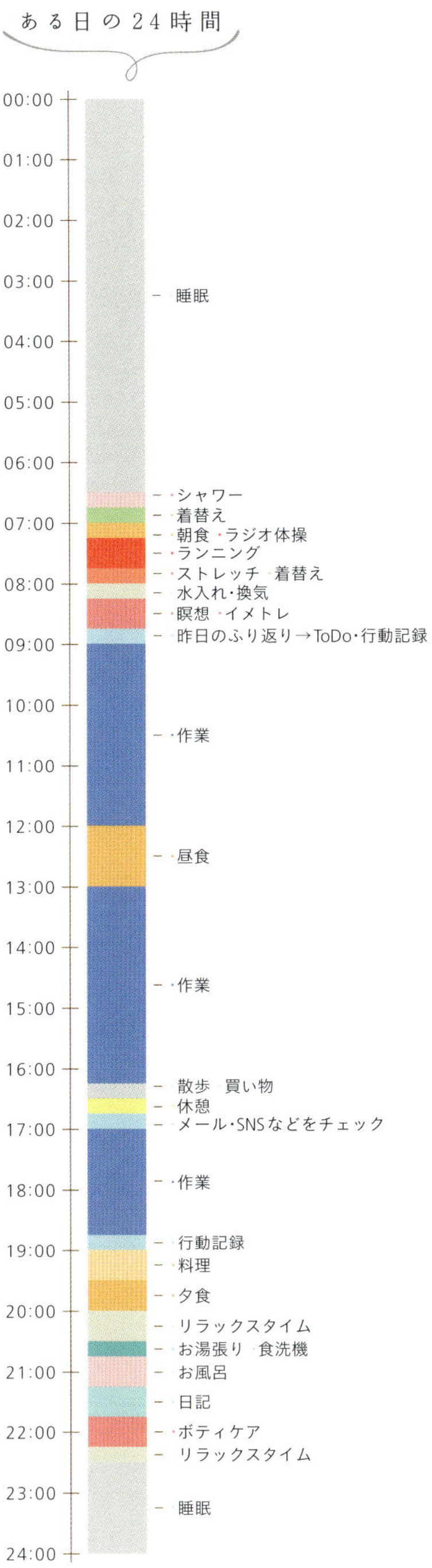

08:15

始業前に瞑想してリフレッシュ

瞑想で頭をスッキリさせて集中力をアップ。続けてイメトレで、その日に行う作業＆自分の理想の姿を想像してモチベーションもアップ。

08:45

前日の作業内容や行動をふり返る

前日の行動記録から付箋でToDoリストを作成して仕事モードをオン。途中で発生したタスクは、いったん付箋に書き出しておく。

18:45

その日の行動を記録して終業

一日をふり返り行動をメモして、19時には仕事を終了。行動記録は数日〜1か月分を俯瞰できるようデジタル上で管理。

STYLE03

美術館をテーマにアート作品やアクセサリーで彩られた空間づくり。

Ami Ishii

石井亜美

モデル / YouTuber
Instagram　https://www.instagram.com/ami_ishii_/
Twitter　https://twitter.com/Ami_Ishii
YouTube channel　[石井亜美 AmiIshii]

在宅ワークでクリエイティブ活動新たなステージで活躍するモデル

「あみしぃ」の愛称で親しまれているモデルの石井亜美さんは、毎日を〝ハッピーに〞送る自身のリアルライフをYouTubeで発信。主に広告を中心としたファッションモデルとして、またYouTuberとして、日々クリエイティブな活動を行っている。

モデル撮影の現場もコロナ禍のあおりを受け、亜美さんも在宅ワークの時間が増えたという。これまでは外で仕事をする合間にYouTubeの動画編集を行うことが多かったが、今は自宅で作業に専念しているとのこと。在宅ワークになってまとまった時間を確保できるようになり、YouTubeの制作に一層打ち込んでいるようだ。

また、在宅ワークになる前よりも忙しくなってきたという亜美さん。太らないカラダづくりのための工夫や、わかりやすいストレッチ動画など、YouTube

で配信しているコンテンツが新たな仕事につながっているそうだ。書籍の出版や雑誌での連載をはじめ、ファッションブランドとのコラボレーション企画で洋服を販売するなど、現在、活動の場を多方面に広げている。

“ハッピーに”生きる姿は周囲の憧れ

居心地のいい空間で、毎日を“ハッピーに”過ごしている亜美さん。そんな亜美さんの在宅ワークの様子やおうち時間の過ごし方をYouTubeで観た人たちは、「家でも健康的で美しくありたい」と影響を受けているようだ。

在宅ワークの中心はクリエイティブ活動

多岐にわたって精力的に活動を行っている亜美さんは、YouTubeの制作や書籍・雑誌の執筆を中心に在宅ワークを行っている。「ちょっとした打ち合わせがリモートになったことはうれしい」とのこと。

理想的なカラダをつくる方法と“ハッピーに”なれる秘訣が満載

初の著書『日本一親しみやすいモデルが教える 太らない体のつくり方』(KADOKAWA)を出版。“#ハッピーダイエッター”としてYouTubeで紹介してきたダイエット法や健康的なカラダづくりのヒントがこの一冊に。

モデル&YouTuberとして外と内での仕事を楽しむ

「外と内でバランスよく仕事ができているので、モデルとしてYouTuberとして、どちらも楽しく活動できています」という亜美さん。多くの人とかかわる撮影現場でのモデルの仕事と、家で一人、撮影や編集を行うYouTuberの仕事を、見事に両立している。

大勢でひとつのモノをつくるのが好きだという一方で、その反動か一人で黙々と作業したくなるときもあるのだそう。現場での撮影の翌日は家にこもり、ひたすら編集作業に没頭しているという。外で受けた刺激によって亜美さんの内なるクリエイティブ魂に火がつき、在宅ワークがはかどっているようだ。また、家で仕事をする時間が長くなったことで、おうち時間の過ごし方や在宅ワークに必要なアイテムを徐々にアップデートしては、YouTubeで発信。在宅ワークの日々を楽しんでいる。

ブルーライトカットで目の疲れを軽減

ブルーライト対策のPCめがね（Zoff）をかけて作業。亜美さんが使用しているのは、自然な見た目のクリアレンズ（約35％CUT）。長時間の作業には、カット率の高い黄みがかったレンズ（約50％ CUT）を。

撮影機材は持ち運びに便利なコンパクト感

YouTubeの動画撮影には、4K対応のコンパクトなデジタルカメラ［Cyber-shot/RX100IV（SONY）］を使用。撮影は主に、リビングのソファ前で行っている。ミニ三脚はYouTuberにとっての必需品。

在宅ワークに役立つ三種の神器

在宅ワークになって取り入れてよかったという、ノートPCスタンド（BoYata）と、ワイヤレスキーボード（Apple）、リストレスト（HyperX）。長時間のPC作業でガチガチになる肩のコリを改善するアイテムは必須。

在宅ワーク中は念入りにスキンケアができるチャンス

在宅ワーク中は、特に力を入れてスキンケアを行っているという亜美さん。一日中、家でPC作業をするだけのときは基本的にすっぴんで、紫外線やブルーライトをカットする化粧下地は必ず顔に塗るようにしている。また、ちょっとのカサつきも許せないそうで、PC作業中はダイニングテーブルの上に常備しているローションで保湿を徹底。「家にいるならメイクをせずに肌を休めて、ストレスフリーな状態に」と考え、ていねいにスキンケアをするよう心がけている。肌がきれいであれば、眉だけメイクして発色のいいティント系のリップをつければ十分だといい、「すっぴんの肌がきれいなときが、一番テンションが上がる」のだそう。ちなみに、乾燥している日は、昼間に朝と同じスキンケアをもう一度行うほどの力の入れよう。まさに、「美は一日にしてならず」といえるだろう。

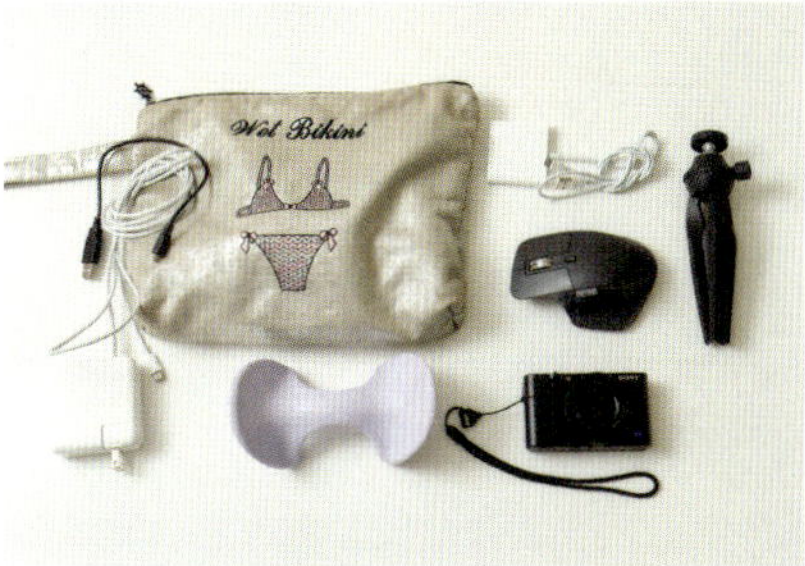

ポーチに入れて持ち運び外でも仕事

外出先で仕事をする際は、在宅ワークのアイテム一式をポーチに入れて持ち運ぶ。ポリエチレンケースの中のモノをそのまま移せばいいだけなので、うっかり忘れ物をする心配もない。

在宅ワークのアイテムはすべてココに

在宅ワークで使っているアイテムはすべて、[やわらかポリエチレンケース（無印良品）]に収納。ダイニングテーブルの横に置き、ケースからパッと出してすぐに仕事を開始。

仕事の合間にできる ながらマッサージ

コリをほぐして血液の流れをよくする、手軽にできるマッサージ。ゆっくり深く呼吸しながら行うことが大事。

片方の腕を抱きかかえて30秒伸ばす。腕のつけねや肩まわりが伸びていることを感じながら、深い呼吸を続ける。

片方の腕を頭にのせてワキの下を手でつまみ、ゴリゴリと30秒ほどほぐすだけで血流がよくなり、肩コリが解消する。

インテリアコーディネートに表れる美意識

“美術館”をテーマに部屋をコーディネート。大好きなポップアートを取り入れてニューヨークのMoMA風に。また、パリのルーヴル美術館をイメージしてインテリアをディスプレイするなど、大好きなモノに囲まれた空間に。

目に映るものが美しいと心がうるおう

ホテルの部屋の一角をイメージして、お気に入りを集めたリビングのコーナー。TSUTAYAの洋書コーナーが好きで、本からディスプレイのヒントを得ている。在宅ワークの時間が増えてからは花の定期便（HitoHana）を利用。

ショップ風のディスプレイでワクワク感を

大理石のサイドテーブル（ZARA HOME）の上に、ゴールドのトレイ（IKEA）をセットして、ヴィンテージショップ風にアクセサリーをディスプレイ。ショップでアクセサリーを選ぶときのようにワクワクするそう。

空間と身だしなみを整えて在宅ワーク中も美意識を高く

美しいモノが好きだという亜美さんは、小さいころから「感性を磨こう！」と、ファッションやアート、映画や音楽などさまざまなカルチャーにふれるなかで美意識を育んできた。ホームステイ経験があり、「自分のなかで〝海外のカワイイ〟がベーシックになっている」そうで、その感性が〝世界の美術館〟をイメージしたという部屋の随所に表れている。

在宅ワーク中のファッションは気張らずに「自分が心地よいものを」と、コットン100%のTシャツにゆるめのジーンズやスウェットといったラフなスタイル。カラダを締めつけず、呼吸がしやすいものを身につけている。また、おうち時間を楽しめるよう「家でもテンションが上がるかっこうがしたい」と、ルームウエアブランドのものも着るように。こうしてお気に入りのモノに包まれながら、在宅ワークの生活を心地よくしている。

在宅ワーク中は常にスキンケアを

ダイニングテーブル上に置いているハンド＆ボディローション（AVALON ORGANICS）で、仕事中は常に保湿。メイクをしない日でも、UVケアのメイクアップベース（naturaglace）は必ず顔につけてブルーライトをカット。

オシャレなルームウエアで気分を上げる

時に、ルームウエアブランド（SNIDEL HOME）のものを着ることも。いわゆる“部屋着”は必要ないと思っていたものの、気分転換になればと購入。「着心地がよくてラクでかわいい」とテンションが上がるという。

毎日食べても太らない ヘルシーなおやつ

「素材がよければ何を食べても不健康にはならない」と、亜美さんは食事もおやつも原材料にこだわって選び、できるだけヘルシーなものを食している。

亜美さんお手製のグルテンフリーのグラノーラは、植物性乳酸菌で発酵した豆乳ヨーグルトと合わせて。

間食には、カカオ70%以上のダークチョコレート。甘いチョコはつい食べ過ぎてしまい、血糖値も急に上がるので、なるべく食べないように。

空間や行動に合わせて香りを選ぶと自然と気分が切りかわる

在宅ワークの生活にメリハリをつけるために、亜美さんは香りや植物をはじめ、自然のチカラを借りて気分を切りかえている。家の中の各所にリードディフューザーを置いて空間ごとに香りをすべて変えており、例えば、「せめて心だけでも旅をしている気分に」と、リビングにはハワイのブランドの上品で優雅なプルメリアの香りを。洗面所はスパイシーなウッディ系の香りで、「リラックスというよりはオシャレでピリッとした感じ」に。寝室は「一番好きで落ち着く」という、洋梨とホワイトフリージアの香りにしている。空間ごとに異なる香りによって、オン・オフのスイッチを切りかえているようだ。

また、虫や野鳥が大好きだという亜美さん。「もっともリフレッシュできるのは、都会から遠く離れて自然に身をゆだねるとき」だそうで、自然の要素を少し

PC作業中もアロマで気分転換
アロマウッド（MARKS&WEB）はシンプルな木製のディフューザー。天然由来のエッセンシャルオイル（enherb）を天面に数滴垂らして使う。火や電気を使わないため、PC作業中の簡易アロマとしておすすめ。

気分や用途で選ぶアロマオイル
いくつものアロマオイルをコレクションしている亜美さん。なかでもYOU & OILがお気に入りで、［KIパーフェクトケアボックス］は、「HAPPY」「YOGA」「NOSE」など気分や用途に応じて使える6本のオイル付き。

香りアイテムで空気を浄化
パロサント（天然香木）を焚いて部屋の空気を浄化。YouTubeの動画撮影前にも、浄化作用があるというホワイトセージの香りのアロマスプレーをリビングにまくなどして、気分を一新して開始するのだそう。

でも生活に取り入れたいと、花を飾ったり、フラワーエッセンスを取り入れたりと、「いかに自然とふれあうか」を考えて工夫している。

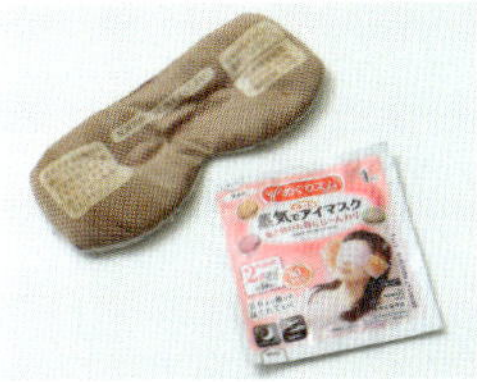

仕事による目の疲労にはほぐしアイテム

仕事中に[ネックフレッシュ(ベス工業)]で頭をほぐすと目がラクになるという。また、目を休めたいときには[あずきのチカラ(桐灰化学)]がおすすめ。夜眠るときは[めぐリズム 蒸気でホットアイマスク(花王)]を。

瞑想と植物のチカラで心がしなやかに

「瞑想は心の健康法」だという亜美さん。瞑想を始めてからは自分の芯がしっかりしてきて、落ち込んだり心がブレたりすることがなくなったそう。フラワーエッセンスを舌の上に7滴垂らしてから瞑想をスタート。

仕事の合間に“ながらストレッチ”
仕事をしながらストレッチすることもあるという亜美さん。時にメモを片手に、企業とのコラボ商品の企画などを考えながら行うことも。ストレッチ中に深く呼吸をすることで、自律神経も整うという。

血液の流れを改善して“深い呼吸”で心身を整える

モデルという職業柄、外で仕事をするときは帰宅時間が定まらないこともあって、毎日決まった時間に何かをすることがなかなか難しい状況にある。それでも亜美さんは、自分のルーティンを守ることで生活のリズムを整えているという。例えば、どんなに時間がない日でも、朝ヨガの「太陽礼拝」や軽めのストレッチは毎日欠かさず行い、バスタイムには必ず湯舟に浸かるようにしている。運動や入浴で全身の血液のめぐりがよくなると、カラダだけでなく不思議とココロも元気になるそうだ。

血液の循環とともに、「深く呼吸することがもっとも大切」だという亜美さん。“深い呼吸”を身につけると心身の不調が改善されるそうで、10分程度でできるストレッチを生活の一部として組み込み、「普段から“深い呼吸”ができるようにカラダを動かしています」と話す。

太らないカラダをつくる

運動ルーティン

体型維持のためのストレッチやヨガのやり方は亜美さんのYouTubeをチェック！

亜美さんの運動のテーマは、「血流と呼吸」。ストレッチでもヨガでも体幹トレーニングでも、常に「呼吸を止めない」「ここで深呼吸」といったポイントをおさえることが大事だそう。

ストレッチ＆マッサージで筋肉をゆるめる

[ストレッチポール（LPN）]と[グリッド フォームローラー（TRIGGER POINT）]を使ってセルフケア。どちらもコリかたまった筋肉をゆるめるエクササイズグッズで、在宅ワークにおすすめ。

フォームローラーで10分筋膜リリースで脚やせ

フォームローラーに体重をかけて転がしながら、脚の痛キモチいい部分をほぐしていくとほっそり美脚に。太ももの前面のハリをほぐせば腰痛を改善。鼻でゆっくり呼吸をするのも忘れずに。

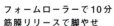

自然の中にいるような
雰囲気をBGMで演出

自然の音が聞こえるヒーリングBGMをかけてPC作業。大のお気に入りのスピーカー（Marshall）から流れる、波の音や鳥のさえずり、大好きな虫の音などを聞いているだけで、自然の中にいるような気分に。

外出時に使う香水をつけて
仕事モードをオン

家にいるときも香水をつけているという亜美さん。出かけるときに使っている［NEROLI36（LE LABO）］の香りをまとうと気が引き締まるのだそう。

飲み物を充実させて
カフェにいるような気分に

カプセル式のコーヒーマシン（NESPRESSO）やソーダストリームを導入することで、カフェで仕事をしているような気分に。

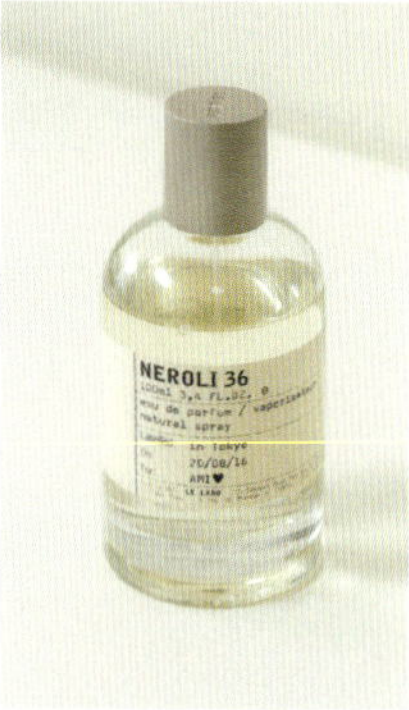

自分に〝ごほうび〟をあげて ココロもカラダもハッピーに!!

多岐にわたって活躍している亜美さんは、多忙を極める一方で、「働かない時間」をいかに大切にするか、ということを常日頃考えているという。在宅ワークになる以前、バリバリ仕事をしすぎていた時期があったからこそ、思うところがあるそうだ。仕事のために仕事をするのではなく、「生活を豊かにするために仕事をしている」ことを、忙しく日々を送るなかでも忘れないようにしたいと話す。

また、自分の好きなモノを買ったり、心地よく過ごせる時間をつくったりして、「毎日、自分に〝ごほうび〟をあげながら仕事をしたらいいと思います」と亜美さん。仕事をがんばったあとのごほうびにするのではなく、心を満たすモノや心が豊かになる時間をいつも自分に与えてあげる。ココロとカラダをハッピーにするための秘訣は、まさに「心の豊かさ」にあるといえるだろう。

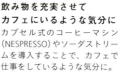

ある日の24時間

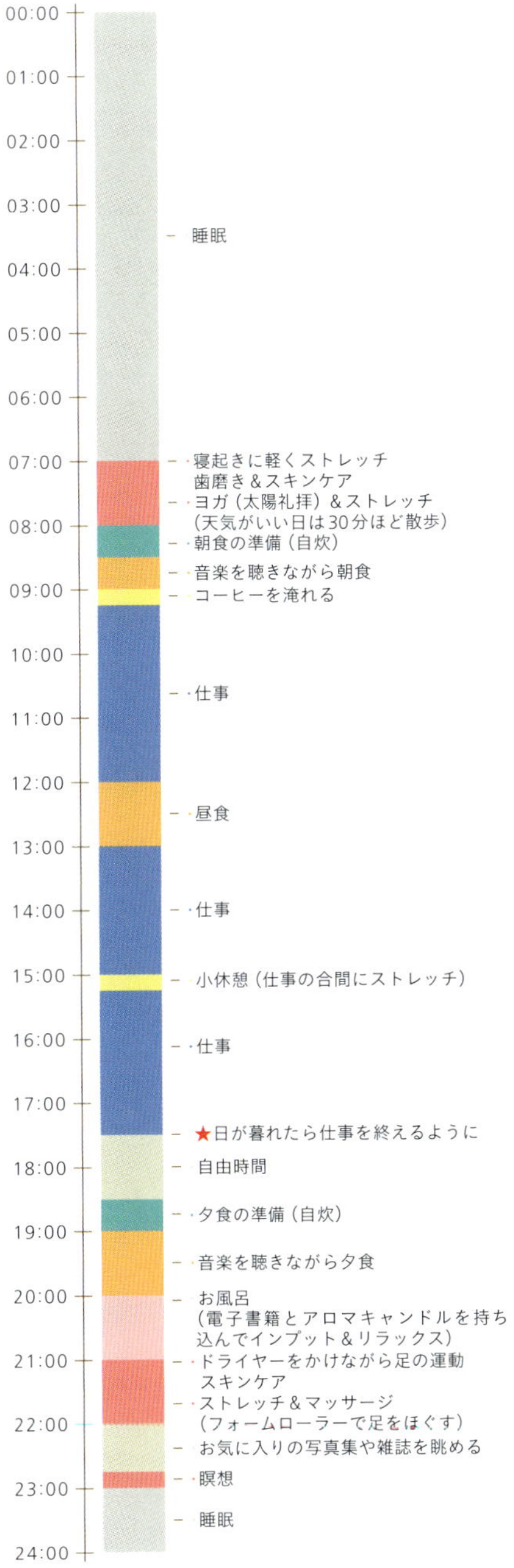

07:30

体型維持のキホンはストレッチ
朝昼晩と必ずストレッチを行っている亜美さん。カラダとともに心もほぐれるという。

08:30

健康的な食生活を心がける
朝食で手軽に栄養補給。オートミール×アーモンドミルクに、豆乳ヨーグルトやナッツなどを入れて食べる。

10:00

在宅ワークの日はYouTubeの制作がメイン
午前中は主に、YouTubeの動画編集を行っており、一人作業に没頭。撮影などは午後の時間帯に。

STYLE04

こだわりの空間と好きなモノに囲まれた専用のワークスペース。

Tsuneaki Toba

鳥羽恒彰

ブロガー / YouTuber / コンテンツプランナー
Blog　[トバログ] https://tobalog.com/
Twitter　https://twitter.com/tobalog
YouTube channel　[トバログ (Tobalog)]

ワークスペースを常に最適化し在宅ワーク環境を快適に整える

「人によいモノやコトを紹介したい」という思いで、ブログ&YouTube「トバログ」で情報を発信している鳥羽恒彰さん。ユニークなガジェットや暮らしに役立ちそうなアイテムを見つけては写真と動画に収め、実際に使った感想とともに紹介。企業とタイアップしたプロモーションや商品開発なども手がけている。鳥羽さんのモノ選びのセンスと、撮影機材やテクニックにこだわった映像美に注目が集まり、モノ紹介の発信を通じて新たな活躍の場が広がっている。

鳥羽さんは自身のライフスタイルに合わせ、徐々に広い部屋に住みかえてきたという。独立して在宅ワークとなってからはワークスペースを快適にしようと、DIYなどでアップデート。現在は郊外にある3LDKの低層マンションに家族3人で暮らし、新たな在宅ワーク環境を整え一層、仕事に専念している。

自分専用のワークスペースは自宅から徒歩0分
郊外への引っ越しを機に、居住スペースとは別の場所にワークスペースを設置。完全に独立した空間のため、仕事に没頭することができる（写真は以前のレイアウト）。

モノ系ブログ＆YouTube「トバログ」は注目の的
毎月、最新のガジェットや話題性のあるモノを購入し、「トバログ」にて紹介。物欲に対しては思いきりがいいそうで、数か月で2～300万円かけることも。機能性だけでなくデザイン性も重視し、「買う前にはかなり吟味し、比較検討する」という。

ワークスペースは都度レイアウトをチェンジ
フリーランスになってからは、自宅で仕事をすることが多くなったという鳥羽さん。これまで幾度となくレイアウトを変更しては、快適な作業環境を追い求めている（写真は以前のレイアウト）。

愛機のボディをイメチェン
オリジナルの色＆質感に

普段、趣味で愛用しているカメラ［Leica M10］を自らカスタマイズ。ボディをドイツの名門タンナー・ペリンガー社製のレザーに張りかえ、"Tobalog Edition"に。写真（下2点）は、自宅から徒歩3分ほどにある海で鳥羽さんが撮影。海は毎日のように表情を変えるという。

独立したワークスペースと海を求めて郊外へ

在宅ワークが推奨されるようになってからは、クライアントとの打ち合わせの多くがリモートになったという。外出の機会が減ったことで、鳥羽さんにとってよかった面があるそうで、ひとつは、わりと自由な服装で仕事をしていてもよくなったこと、外出時の散財が減ったこと。何より、都心に住む必要性を感じなくなったため郊外へ引っ越し、在宅ワーク環境がより快適になったことだと話す。

鳥羽さんが在宅ワークに適した住まいを探していると、居住スペースとは別に離れのような10帖ほどの部屋が使える賃貸物件を見つけ、これならば独立したワークスペースが持てると心が湧き立ったという。同じ家賃で都心と比べると広さは2倍、静かな環境なので家族も住みやすそうで、幼いころから親しんできた海の近くということもあり、引っ越しを決めたそうだ。

写真も動画も仕事用は「実用性が高いライカ」に

仕事で使っているカメラは、10bitカラーで4K記録に対応するミラーレス一眼[Leica SL2-S]。動画撮影の機能性に優れ、映像の色味も鳥羽さん好みだという。仕事用のカメラは、新しい技術が詰め込まれたものを選ぶのだそう。

撮影のときはBGMをかけて

直径が70cmほどある大型ワイヤレススピーカー[Beoplay A9 (Bang&Olufsen)]の第3世代を、定価の半額で購入できたという。円のふちの後ろ側をなぞるようにふれるとボリュームが調節できる。

最新で便利がいいとは限らない カラダや手になじむものを選ぶ

1日10時間以上、在宅ワークを続けることもあり、「自分のカラダや手になじむモノを、こだわりを持って選んでいます」という鳥羽さん。仕事のアイテムは、デザイン性もさることながら、機能性に優れた高品質なもの、自分のテンションが上がるもの、といった視点で選び、「いかに気持ちよく仕事ができるか」を重視しているという。例えば、複数台同時にペアリングできる打鍵感が心地よいキーボードや、作業スタイルに合わせ各所を調節できて、ラクな姿勢で仕事ができるチェアは長らく愛用中。興味のある最新アイテムや便利なモノも試しては使い心地を検証し、結果、使い慣れたものや以前のモデルに戻すこともあるという。何気なく使っているモノひとつにこだわることで、どれほど在宅ワークが快適になるか、鳥羽さんのモノ選びの視点から気づかされることだろう。

語るに尽きないワークアイテム
YouTubeを始めてからのメインPCは［ENVY15/クリエーターモデル（HP）］。昇降スタンディングデスク（Flexispot）は電動式。キーボードは［HHKB Professional］、マウスは［MX ERGO（Logicool）］を愛用中。

高さ・角度・位置を細かく調節できるチェア
カラダを労わるという視点で選んだ、高品質×多機能の［Contessa（オカムラ）］。全面メッシュでヘッドレスト付き、5万円以内で買えるものを探していたところ、5年前にリサイクルショップで手に入れたそう。

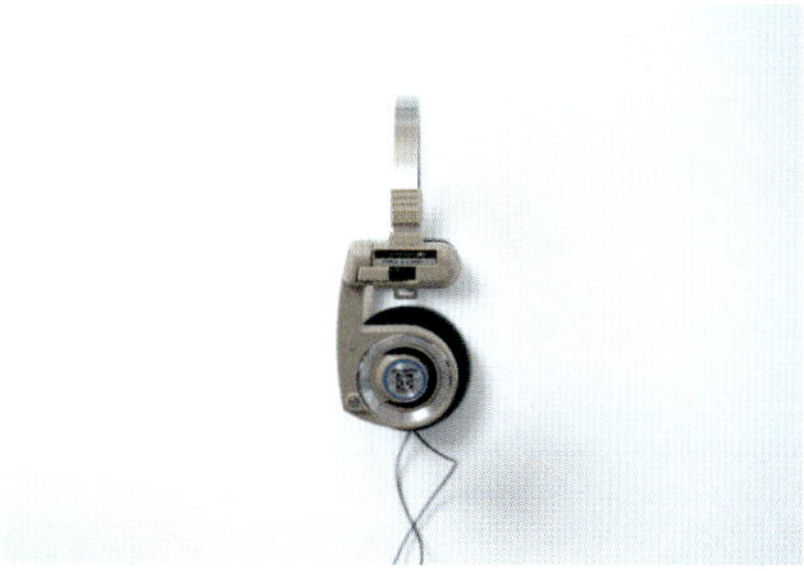

長時間使っていても疲れないヘッドフォン
動画を編集するときに使うヘッドフォンは、レトロ感も気に入っている［Porta Pro（KOSS）］。遮音性の低いものを探していたそうで、頭の形にフィットしやすいところもポイントだそう。ベージュは限定モデル。

ノートPCをケーブル1本でデスクトップ化
USB Type-C1本でノートPCをデスクトップ化できる、セルフパワー式のドッキングステーション［Thunderbolt3 Express Dock Pro HD（Belkin）］。特に、MacBookユーザーの在宅ワーク環境はかなり快適に。

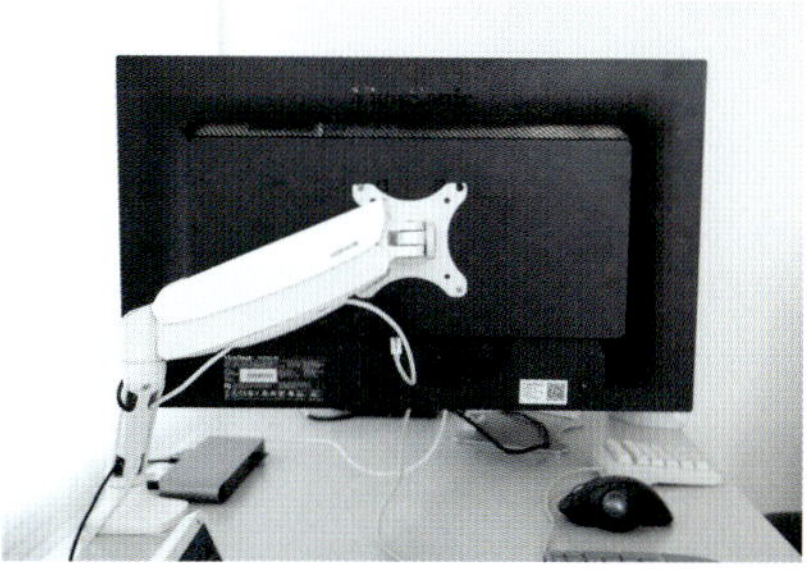

肩コリを改善し作業もはかどるアイテム
27インチある4K対応の液晶ディスプレイ（ViewSonic）&ガス圧式のモニターアーム（Green House）にもこだわり、長らく使い続けている鳥羽さん。自在に高さを調整し、大画面でPC作業をすることで、在宅ワークが効率的に。

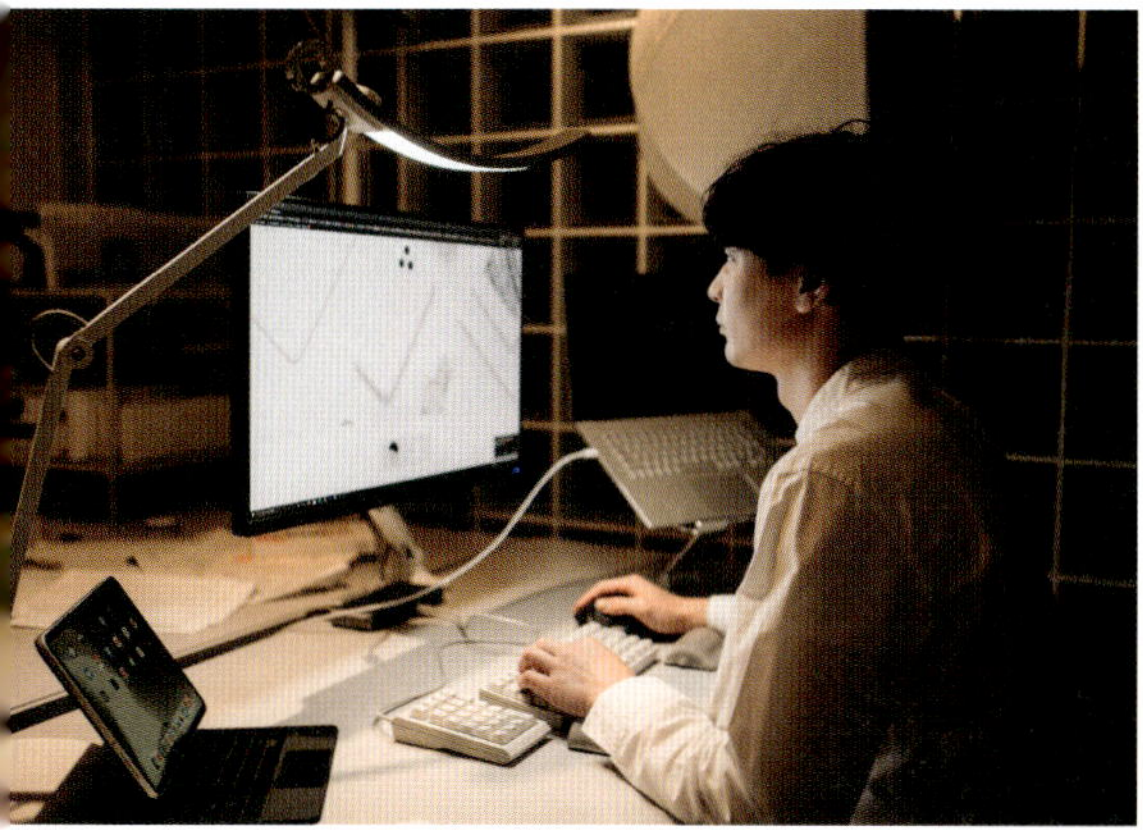

眼精疲労をやわらげるデスクライト
台湾の大手メーカーのLEDデスクライト［WiT Eye-care（BenQ）］。独特の曲線美と高級感のある質感に加え、機能性もバツグン。角度調整で広範囲を照らすことができ、紙で読むときにもPC作業にも最適なスマート調光機能を搭載。

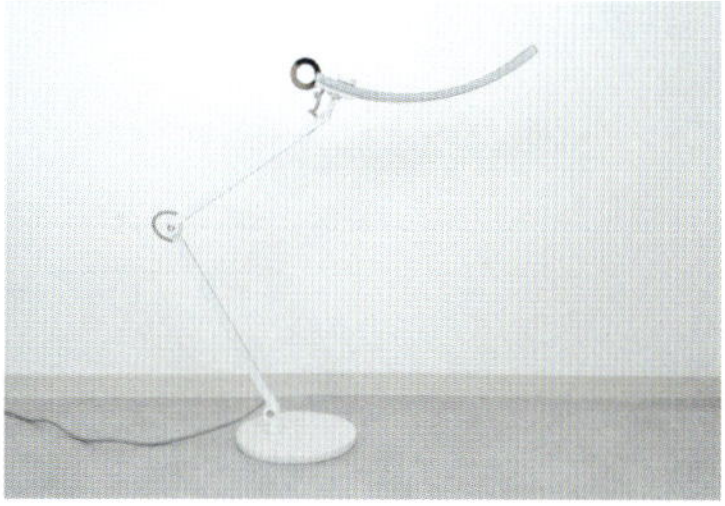

場所でオン・オフを切りかえ時間にとらわれずに働く

仕事をする場所や時間の使い方、仕事で使うアイテム選びなど、「すべてにおいて自分に選択権がある」ところが、在宅ワークのやりやすさだと話す鳥羽さん。会社員時代、定時に仕事を始めて終えるといった感覚が合わなかったそうで、フリーランスの道を選んだところもあるという。オンとオフの切りかえが難しい点は、完全に独立した形でワークスペースを構築することでクリア。朝のコーヒーでスイッチを入れ、脳を仕事モードに切りかえているという。始業時間を決めてはいないものの、朝一番にはタスクを整理。中長期のプロジェクトを管理している［Notion］でタイムラインを確認しながら、その日にやることをメモ帳に書き出していく。紙に書いておくとPC作業に影響されることなく、ToDoを確認できて、リマインドにもなる。また、考え事や今の作業に関係な

お気に入りのモノだけを集めた白×グレーを基調とした空間

好きなモノに囲まれ、自分で選んだモノで仕事ができるのも、鳥羽さんにとっては在宅ワークのメリットのひとつだという。ワークスペースと居住スペースでテイストや色、インテリアを変え、空間でもオン・オフが切りかわるように工夫している。

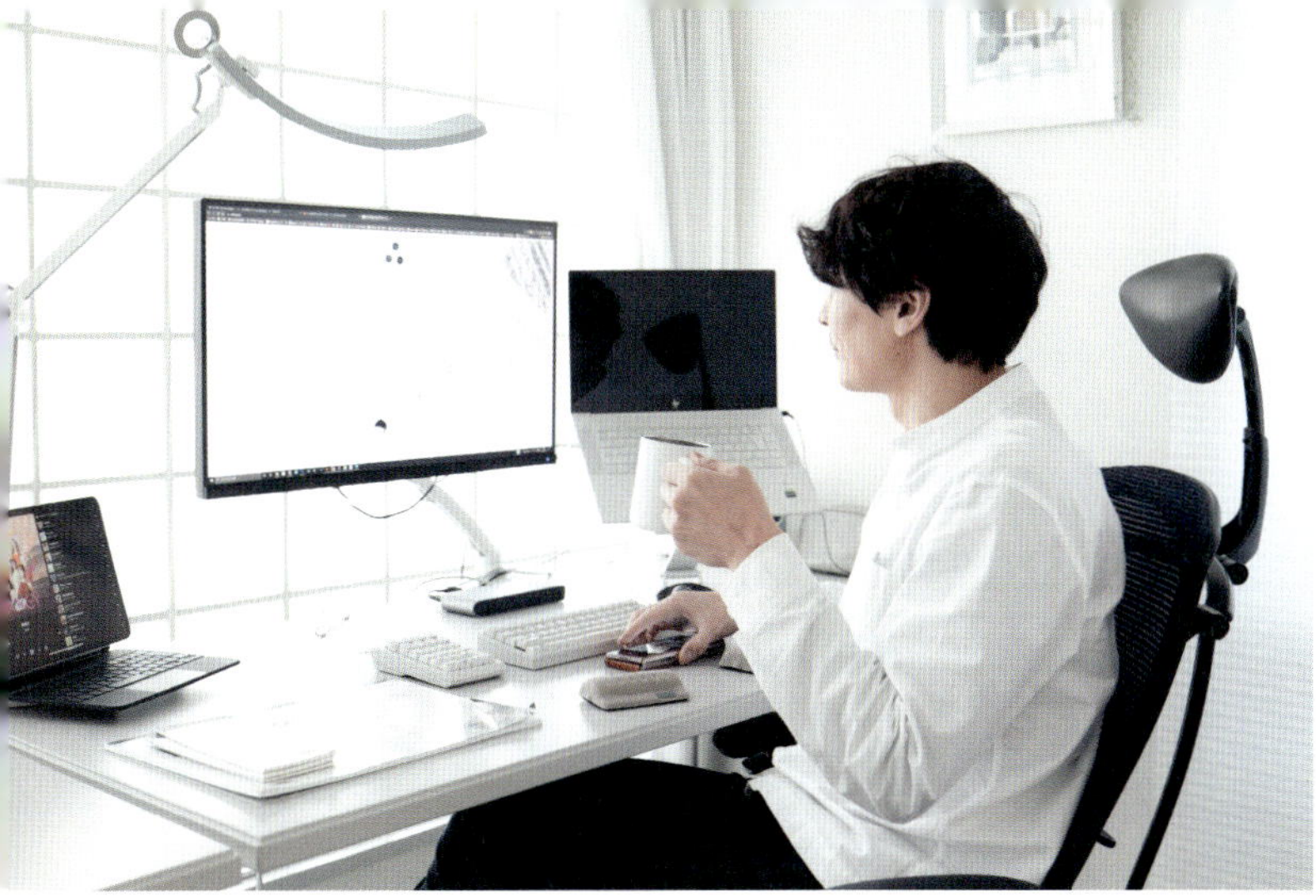

い情報を一度アウトプットすることで頭の中を整理できるため、アナログツールを併用することをすすめるという。

コーヒーを飲んで仕事モードに切りかえる
飲み物でオン・オフのスイッチが入るという鳥羽さん。コーヒーを飲みながら、その日のタスクを見直したり今後の構想やアイデアを練ったりして、徐々に仕事モードに切りかえていく。

冷たさも温かさも長持ちするマグカップ
自宅で淹れたコーヒーを手に、離れのワークスペースへ向かう鳥羽さん。月ごとにピックアップしている「買ってよかったモノ」第1位の真空断熱マグカップ（THERMOS）は、飲みごろの温度をキープ。結露もしないのでデスクワークにおすすめ。

構想案やToDoリストは紙に書いて頭を整理する
5mm方眼の［プロジェクトペーパー（オキナ）］（A3・B4サイズ）と短冊型のメモ帳（無印良品）、小学生のころからお気に入りの水性ペン［ピグメントライナー（STAEDTLER）］を長らく愛用。

スマートホーム化で効率化を図る工夫
賃貸物件でのスマートホーム化を進めており、SwitchBotのアイテムとスマホで遠隔操作が可能に。玄関のライトやオートロックマンションのカギをIoT化するなど、時短や便利になるよう工夫＆改造している。

リビングの横に設置できる簡易ワークデスク

自宅でちょっとした作業をするときは、リビング横につくる簡易ワークスペースで。パイン材の折りたたみデスク(無印良品)は、コンパクトなサイズ感でナチュラルな風合いもお気に入りだそう。

折りたたみデスクの活用で省スペース化&モードを切りかえ

今年お子さんが誕生した鳥羽家では、「夫婦で子育てをしながら仕事ができるように」と、リビング横に設置できる折りたたみ式の簡易デスクを導入。リビングであっても、仕事専用のデスクを広げると意識的にスイッチが入るという。使わないときはたたんでしまえるので、スペースを有効活用できる。また、居住スペースで在宅ワークを行っていると、ついダラダラと仕事を続けてしまいがち。そのため、デスクを片づけて仕事を切りあげる、といった使い方も有効だろう。

在宅ワークでは、「できるだけ仕事の時間を圧縮して、自分の時間を確保することが大事」だと鳥羽さん。空き時間ができても、仕事や予定を詰め込み過ぎないようにすることも重要だと話す。ヒマができたら上手に「サボる」こと。それをできるのが在宅ワークのよさであり、在宅だからこそ必要でもあるという。

持ち運びにも便利な外と内で使えるアイテム

「持ち運べる」「どこでも使いやすい」といった視点で機能性に着目し、外出時にも在宅時にも仕事に役立つアイテムを、鳥羽さんがご紹介。

“TPOレス”で一日中着られるホームウェア
「パジャマの快適さ×スーツのきちんと感」で在宅ワークにうってつけと、鳥羽さん絶賛の［パジャマスーツ（AOKI）］。ちょっとした外出時にも。

ミニマムなクリップ式ホルダー
デスクやテーブルの天板にクリップのようにはさんで使うケーブルホルダー（bobino）は、天板の厚みに応じてはさむ幅を変えて固定できる。

PC作業時の姿勢を正し肩や首のコリを改善
折りたたみ式のスタンド（Almoz）で、ノートPCを目線の高さに固定。

たためて運べて取り出しやすい収納
立て看板のような形状の収納スタンド［TOOL STAND FLOOR（KING JIM）］を手に自宅と行き来する。

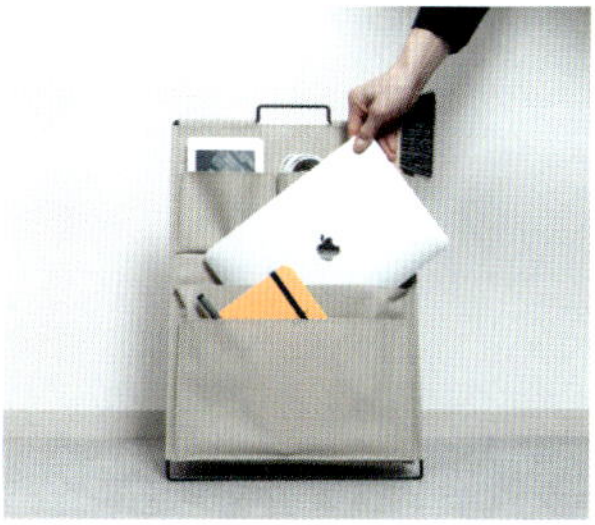

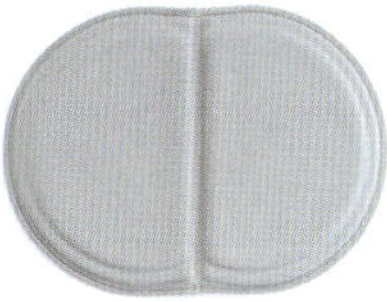

特殊なやわらか素材で硬い座面が快適に
おしりが痛くなりにくいクッション［mini PUNI（EXGEL/加地）］は、薄型で折りたたみ式。

坐骨で座ることでラクで正しい姿勢に
［アーユル・チェア／メディカルシート（Ayur-chair/トレイン）］は、チェアの上でも床置きでも使える。

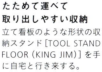

撮影スタジオ兼オフィスとして集中できるワークスペースを構築

もっと広いワークスペースを持ちたい、使い勝手をよくして仕事の効率化を図りたいと、都度、在宅ワーク環境を最適化してきた鳥羽さん。以前住んでいた都心の賃貸物件では、4帖の洋室を「憧れの書斎」につくり変えるなど、DIYで理想のワークスペースをつくりあげた。今回の引越先でも、これまでのDIY経験が大いに活かされている。

10帖ほどある離れのワンルームを、撮影スタジオを兼ねたオフィスにしようと、モルタル調のアーバンな部屋をイメージ。非日常感のある白を基調とした空間にすることで、ある種の緊張感が保たれ仕事に集中できるとともに、アイテム撮影の際は、周囲の色が反射によって被写体に映り込まないという。自分にとって居心地のいい空間にカスタマイズした鳥羽さん。今後もより快適な環境へとアップデートしていくだろう。

めざすは白を基調とした
オシャレでかっこいいワークスペース

Netflixのドキュメンタリー「The Art of Design」で、ドイツ人イラストレーターの「雑多なオシャレ感」があるアトリエを目にした鳥羽さん。自分も同じような空間で仕事がしたいと、DIYで理想の空間をつくり上げた（写真は改装前のワークスペース）。

空間の間仕切りを
ツーバイフォー材でDIY
光や風が通るようにDIYで格子状のパーテーションを設け、リビングと書斎の仕切りに。アイデア探しのツール［Pinterest］で、ツーバイフォー材で簡単につくれるパーテーションを見つけ、省スペース化のためにも壁掛けTVを設置した（P.55の写真はすべて以前の住まい）。

賃貸の洋室で夢を実現

DIYでつくる憧れの書斎

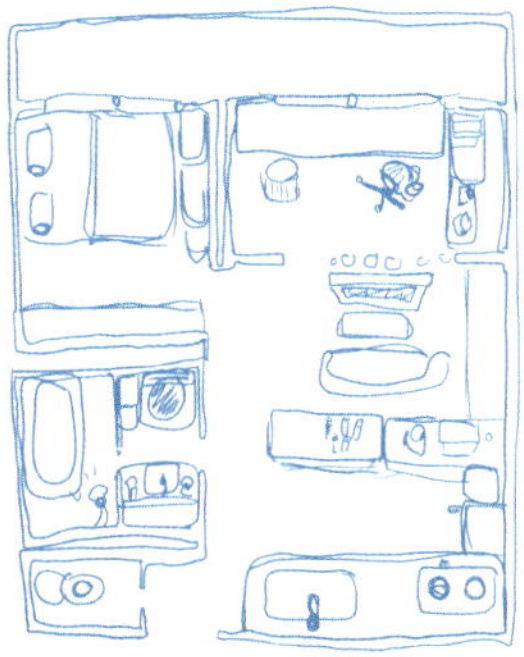

光・風・音が通る格子状の間仕切りをイメージ
書斎のイメージと完成後のレイアウトを作成し、原状回復できるようDIYを考えたという。構想から完成までは、「トバログ」の【賃貸でも書斎のある暮らし】で紹介している。

有孔ボード×ディアウォールで見せる収納に
壁面収納のベースには、傷をつけずに柱を立てることができるディアウォールを使用。原状回復できるので、賃貸物件のDIYにおすすめ。棚板は高さが調節できるよう、チャンネルサポートで可動式に。

ワークデスクはカフェのカウンターテーブル風
4帖の書斎スペースには、DIYでつくったワークデスクを設置。作業をしながら景色を楽しむために、明るい南向きの窓際に配置した。都会の夜景も望むことができたという。

コーヒーに始まりビールに終わる切りかえスイッチは飲み物にあり

「気持ちよく仕事をするために」と、鳥羽さんがルーティン化していることがいくつかある。ひとつは、飲み物でオン・オフのスイッチを切りかえること。仕事モードはコーヒーでオン、ビールでオフに。その時どきの忙しさによって、始業と終業の時間を調整しているそうだ。コーヒーを飲みながら、その日のタスクを整理するのは朝の日課となっている。

また、海の近くに越したことで、散歩もルーティンのひとつになったという。考え過ぎて疲れたときは、何も持たずに海辺でただ景色を眺めたり、時にカメラを手に写真を撮ったり。すると頭の中が空っぽになって、いったん脳をリセット&気分をリフレッシュできるそうだ。時間にしばられることのない自然体の鳥羽さんにとって、海のそばで仕事ができる環境は、これまでにない在宅ワークの〝最適化〟となっているのだろう。

スケボーは気分転換と運動不足の解消に

スケートボード好きの鳥羽さん。運動不足解消のためにフリーラインスケートに乗ってみたが、最近スケボー熱が復活してきたという。仕事の合間は、指で乗る小さなスケボー(通称「指スケ」)で気分転換も。

ナチュラルなプライベート空間でリラックス

天然木のテレビスタンドやMarimekkoの生地を貼ってDIYした壁掛けのファブリックパネルなど、こだわりが詰まった北欧スタイルの空間でリラックス。カラダの疲れはマッサージシート(DOCTORAIR)で癒している。

仕事のあとは大好きなビールを

「終業時間にタイムカードを押す感覚」でビールを一杯、という鳥羽さん。宅飲み用のビールサーバー[HomeTap(キリン)]も導入。

家族との時間を大切にする

家族と散歩中の鳥羽さん。仕事の合間にも、生まれたばかりのお子さんを連れて散歩に出ることがあるそうで、一緒にいられる時間がうれしくて楽しくて、とてもいい気分転換になるという。

ある日の24時間

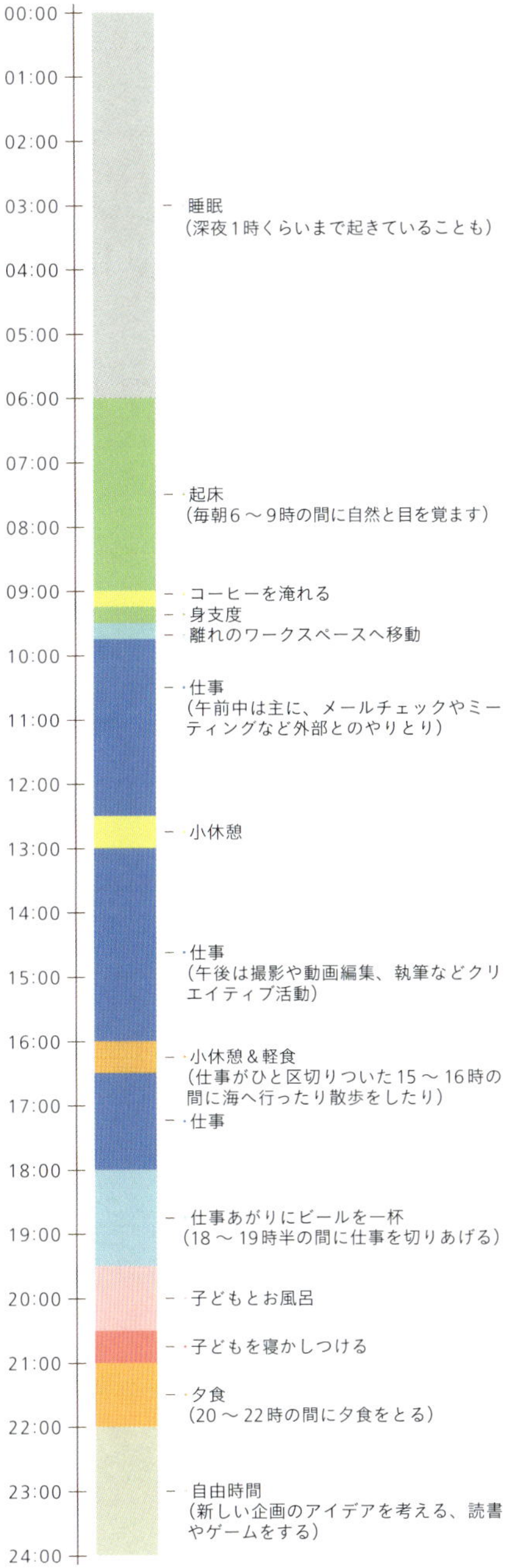

09:00

コーヒーを飲んで仕事モードに

朝目覚めたら、まずはコーヒーを一杯。コーヒーを飲むと脳が徐々に仕事モードに切りかわっていく。

11:00

午前中はメールチェック＆ミーティング

午前中は主に外部とのやりとり。お昼時に食事はほとんどとらず、午後はクリエイティブな仕事に集中。

16:00

仕事がひと区切りしたら海や散歩へ

夕方近くになってひと段落したところで、カメラを持って海に行ったり近所を散歩したり、30分ほど小休憩。

STYLE05

テレワークは働く場所を特定しない、フリーアドレスに。

さいとうあい。

広告代理店アートディレクター / グラフィックデザイナー
Instagram　https://www.instagram.com/saitoooooooai_zine/
Twitter　https://twitter.com/saitoooooooai
YouTube channel　[さいとうあい。]

好きな場所で仕事ができるよう自宅にフリーアドレスを導入

　ぱっつんボブがトレードマークのさいとうあい。さんは、都内の広告代理店に勤めるかたわら、個人でも活動しているアートディレクター。「アートディレクターの仕事は、CMやポスターなどの広告物を企画・提案して、ビジュアル表現で世界観をつくっていくこと」だという。自らグラフィックデザインも手がけているそうで、アーティストのCDジャケットや都心ビルの大型広告をはじめ、WEBサイトや動画コンテンツ、SNS等の広告物をメインに制作している。

　さいとうさんは現在、ほぼ毎日が在宅ワークとなっている。以前、勤めていた会社が週1でテレワークを導入していたため、今回それほど違和感なく、在宅ワークに移行できたという。ただ大きな案件を扱う広告代理店の場合、大勢の人とかかわる機会が多いため、「ちょっと意見交換をするにも、在宅ワークだといちいちＺｏｏｍを立ち上げなければならないのが不便」とのこと。一方で、一日に数回あるミーティングは手短に切り上げられるため、一人作業に没頭できる時間が増えたという。

「対面だと、打ち合わせが早く終わっても雑談が始まったりして、その場を離れるのがなんとなく気まずいこともあったんですが。話が終わり次第、気兼ねなく退出できるＺｏｏｍは便利です」と、在宅ワークになってスピード感が出てきたことにはメリットを感じているようだ。

大きなワンルーム風のリビング

「ワンルームに近い広々とした空間をつくりたかった」と部屋数を減らし、リビングを中心に生活しやすい間取りにリノベーション。“おうち好き”としては、長い時間を過ごすリビングとダイニングを充実させる方向で考えたという。

仕事やPC作業はダイニングで

食事をしながら仕事やPC作業をすることは日常茶飯事。ダイニングテーブルの上には普段から何も置かず、PCなども置きっぱなしにせずに、片づけや掃除の手間を極力省いている。

ベッドルームにもワークスペースあり

リモート会議の時間や気分を変えたいときはベッドルームへ。隣り合わせのリビングから自然光が入ってくるように、また空気の流れをつくれるようにと、室内窓を設けている。就寝時はロールスクリーンを下げる。

「本当に好き」なモノだけ
多くを持たないモノ選び

昨年末、旦那さまと2匹のペットとともに引っ越し、ほどなくして在宅ワーク生活が始まった。都心に購入した中古マンションを、自分が思い描く空間にしようとフルリノベーション。もともとワークスペースをつくることは考えておらず、あえて場所を特定せずにどこでも作業ができるようリビングを広めにとって、自宅内でフリーアドレスにしている。

時を同じくして、YouTubeの制作にも力を入れ始めた。大好きなファッション、映画や音楽などのサブカル情報を発信するほか、在宅ワークにおけるルーティンや、モノ選びのこだわり、シンプルな空間づくりの参考となる工夫も紹介している。

「ゴチャゴチャした空間が苦手でモノはあまり持たないほう」とはいえ、気に入ったものは絶対に手に入れるというさいとうさん。マンション購入の折も、かねて

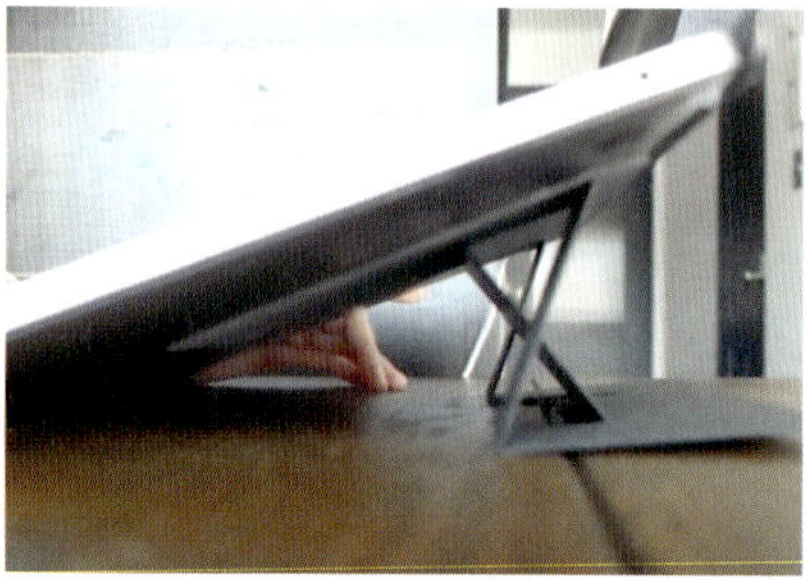

肩コリ・腰痛・姿勢の悪さを改善
PCスタンド(MOFT)は、薄さ3mm、重さ89gと超薄型・超軽量のコンパクトタイプ。人間工学に基づいたデザインで、傾斜は25度と15度の2段階調整が可能。タイピングもしやすく視認性もアップする。

毎日2ℓ分のお茶を淹れて飲む
仕事の合間にお茶をつくり、毎日2ℓは水分を補給。容量1ℓのカラフェ[OVAウォーター(KINTO)]に一日2回、麦茶を淹れて飲んでいる。持ちやすく洗いやすいうえに、スタイリッシュなフォルムもお気に入り。

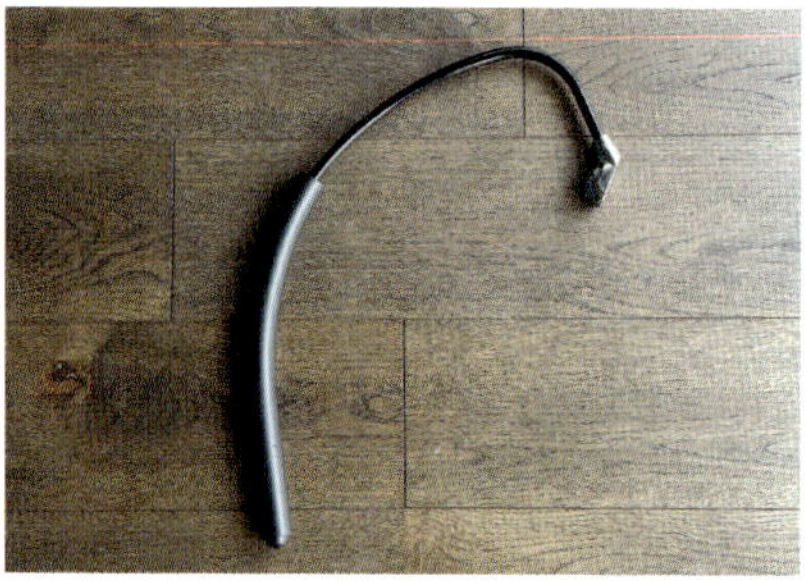

在宅ワーク中は指圧とストレッチが必須
自分では手の届かない背中や肩を指圧してコリをほぐせる健康グッズ[ルルド グリグリ(ATEX)]。グリップはスポンジ付きでにぎりやすく、アームはカラダにうまくフィットする形状。一挙両得、ストレッチもできる。

お気に入りの飲み物でリフレッシュ
気分をシャキッと引き締めたいときはレモンジンジャーティー(Yogi Tea)。消化をサポートするそうで、おなかの調子を整えたいときにも。レモンの酸味とショウガの辛味にペパーミントのスッキリ感が加わる。

から「絶対にココに住みたい！」という強い願望があって、人生の大きな買い物でもセンスを発揮したようだ。

「センスは〝教養〟であると私は考えていて、そのコトに強い興味を持って学んだり、好きなモノを熱心に掘り下げていったりすれば、自然とセンスは身につくものだと思っています」

好きなモノに人一倍の情熱を傾けるさいとうさんの教えをヒントに、在宅ワーク環境を充実させるモノ選びができそうだ。

シンプル空間にインパクトを

シンプルな空間でひと際、異彩を放つアンディ・ウォーホル「青い猫」のアートポスター。「どうしてもココに置きたかった！」という、さいとうさん選りすぐりの逸品。

器は濃い色を選べばまちがいなし！

「おいしそうに盛り付けができると達成感を覚えます」。器も多くは持たずに、黒や青など色味の濃いものを厳選してチョイス。色の濃い器に盛り付けると料理の見栄えがよくなり、オシャレに見えるのだという。

厳選するからには理由がある！

オーブンレンジ、スチームトースター、電気ケトルと、家電はBALMUDA製品で統一。同じ製品を長く使い続けることができるのも、選んだ理由がしっかりしているからこそ。

室内でカラダを動かすときはヨガマットを

在宅ワークの運動不足解消におすすめなのがヨガマット。音を吸収するため、筋トレやストレッチ、ダンスをするときなどにも使えて便利なので、一家に1枚あって損はなし。

好きな香りで気分転換 香り漂う瞬間を楽しむ

さいとうさんのコアタイムは11〜19時。日中のほとんどの時間を自宅で過ごすなか、香りでリフレッシュできることに気づいたという。そこで、淹れたての香りを楽しめる飲み物や、瞬時に香り漂うスプレータイプのアイテムを取り入れ始めた。

時にフレグランススプレーを部屋にシュシュッとしたり、仕事の合間にコーヒーや紅茶を淹れてひと息入れたりするそうで、フレーバーコーヒーの甘い香りに癒されたり、フレーバーティーの香りでシャキッと気を引き締めたりと、香りで気分転換をしている。

また、気分を上げたいときは好きな音楽を聴きながら作業することも。「場所を選ばず、どこでも仕事ができるように」と、どの空間もシンプルに整えているため、気分を変えたいときは場所を移して作業に没頭しているようだ。

ペットのニオイ対策にもなるルームミスト
消臭効果もあるフレグランススプレー［F&D ルームミスト（John's Blend）］でお気に入りの香りは、甘くさわやかなホワイトムスク。シュッとひと吹きするだけで、空間に心地よい香りが漂う。

甘い香りのコーヒーでほっとひと息
ハワイの老舗コーヒーブランド［ライオンコーヒー（LION　COFFEE）］のバニラキャラメルフレーバー（日本限定発売）が大のお気に入りで、毎日飲んでいる。コーヒーを淹れていると、ひと心地がつくのだそう。

天然由来成分の香りでリラックス
その香りにリラックス効果を感じている、というオイル美容液［バランシングSQオイル（THREE）］は、寝つきもよくなるのだとか。さいとうさんの場合、手の甲にオイルを塗って香りを嗅いでから眠りにつくという。

朝と夜のヨガでカラダが〝整う〟ことのすごさを実感

在宅ワーク生活が長引くなか、寝つきが悪くなってきたさいとうさんは、ひとまず2週間ほどヨガを始めてみたという。続けるうちに、以前よりも寝つきが安定してきたそうで、「しかも、日中は穏やかな気持ちになるというか、精神的に落ち着くんです」と、ヨガによってカラダが整うことを実感したようだ。それからは、朝はスイッチを入れるために活動的になるヨガを、夜はパタンとすぐに眠れるリラックス効果のあるヨガを行っている。「自分にとっていいということがわかると続けやすいので、がんばらずとも次第に習慣化していく」のだという。

ヨガにしてもトレーニングにしても、「決めたからにはやる」というポリシーもあって、毎日続けることでだんだんと生活の一部になってくるのを感じるとのこと。習慣化するところまで続けると、そこまで苦ではなくなるそうだ。

日中のストレスレベルも下げる朝ヨガ
もともと朝起きるのが苦手だというさいとうさん。それでも、「朝ヨガをすることで得られる心のやすらぎのためなら！」と、今ではすっかり起きられるように。

軽めのトレーニングで運動不足を解消
職場に出勤しなくなるだけで意外と運動不足に陥ることに気づき、軽いトレーニングを取り入れることに。ほぼ毎日、お風呂に入る前にヨガマットを敷いて、スクワットなどを行っている。

リラックス効果が得られる夜ヨガ
夜ヨガでは、部分的にできるストレッチ系のヨガや、カラダのコリをほぐすヨガなども行っている。ヨガのおかげでぐっすり眠れるようになったそう。

意識を徐々に料理へとシフトしていく

在宅ワーク生活になってからは基本的に、昼食も夕食も自炊。「そろそろごはん、そろそろごはん……」と唱えながら、意識を徐々に料理へとシフトして仕事を終わらせるのだそう。

オン・オフの切りかえは〝自炊にあり〟

「趣味が仕事」みたいなところもあるというさいとうさん。それでも、仕事と生活の空間があいまいになってしまうのは避けたいそうで、仕事場にしているダイニングテーブルにPCを広げっぱなしにしないのがルールだそう。逆も然り、リビングやダイニングはできるだけシンプルに整え、いつでも仕事モードに入れる環境となっている。

　また、在宅ワーク生活では自分のペースで自由に時間を使えるため、どうしても不規則になりがちだそう。だからこそ、時間を区切る意識がついたという。例えば、家で仕事をしているとついダラダラ作業を続けてしまったり、考えごとをしてしまったりするため、「よし、ごはんにしよう！」と動き始めると、仕事の意識がそのまま料理に向かうのだという。世の中が外出自粛に入るころに受けた健康診断の結果に軽いショックを受け、カ

部屋を移って気持ちを切りかえる
リモート会議の際は、社内でミーティングルームに移動するときと同じように、家の中でも場所を移すことで気持ちを切りかえ、打ち合わせやプレゼンに臨んでいる。

ミッドナイトルーティン

ある日の深夜2時過ぎ…

「インプットすること」を何より大事にするさいとうさんが、真夜中にインプットするときの習慣をご紹介。

- お風呂上がりにリビングへ
↓
- ダイニングのエジソンランプだけを点す
↓
- サプリを飲む間にお湯を沸かす
↓
- 就寝前に口にしているハチミツをひと舐め
↓
- 白湯をお供にインプットタイム開始
↓
- 歯を磨きながらストレッチをして何を観るか決める
↓
- Netflix、Amazon Prime Video、YouTubeで動画を観る
↓
- 決めた分の動画を観終えて就寝（区切れないこともしばしば……）

ごはんの時間もインプットタイムに
さいとうさんにとっては、食事の合間も貴重なインプットタイム。「ごはんを食べている間だけ動画を観る」と決めているため、ダラダラ観続けてしまうこともなく、いい区切りになるのだそう。

真夜中とお風呂タイムにインプット
夜中につい観続けてしまう動画は、お風呂の時間に観ることも。「湯舟に浸かりながら観て、熱くなって出るタイミングで終わりにする」という。

ラダのメンテナンスを考えて自炊を始めたそうで、今では料理をすることは習慣に。仕事モードをオフに切りかえるスイッチにもなっている。

「自炊が生活サイクルに組み込まれ、時間に区切りがつけられるようになってきたと思います」とさいとうさんは話す。

隙間時間でYouTube動画を撮影&編集
YouTubeのコンテンツ制作は、仕事の休憩時間や隙間時間で行っている。こまかい作業などは「今できそうだから、これだけやっておこう」と、効率よく進めておくのだそう。

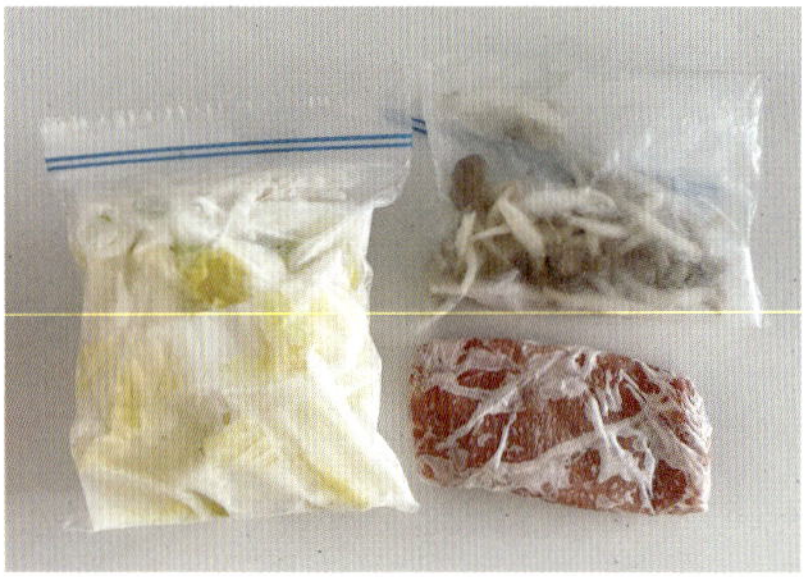

週末の下ごしらえで平日の時間を生む
大量の野菜を刻んで小分けにし、冷凍する下準備も慣れたもの。一度に2週間分くらいストックでき、実際に作業するのは月に二度ほどなので、「コスパがいい」とのこと。

効率よく楽しく料理をすると クリエイティブ脳が刺激される

　習慣化するためのコツは、まず「時間を決めてやる」こと。そして、習慣にし始めたことを継続するには、自分にとって「メリットがある」ことに気づくのが要だという。例えば、「デザインと料理はどこか似ていて、とてもクリエイティブ」だと感じているさいとうさんにとっては、「料理をするとクリエイティブ脳が刺激され、創作活動によい影響を与えてくれる気がします」という。

　また、料理の時間を効率よく楽しめるようにする工夫も大事なのだそう。そのため、さいとうさんは月に2回、野菜を下ごしらえして、平日に好きなことをする時間を増やす努力もしている。

「今後、在宅ワークでなくなったとしても、今の生活リズムや整った空間を維持して、新たに始めたことをクリエイティブ活動の糧にしていきたいと思います」

ある日の24時間

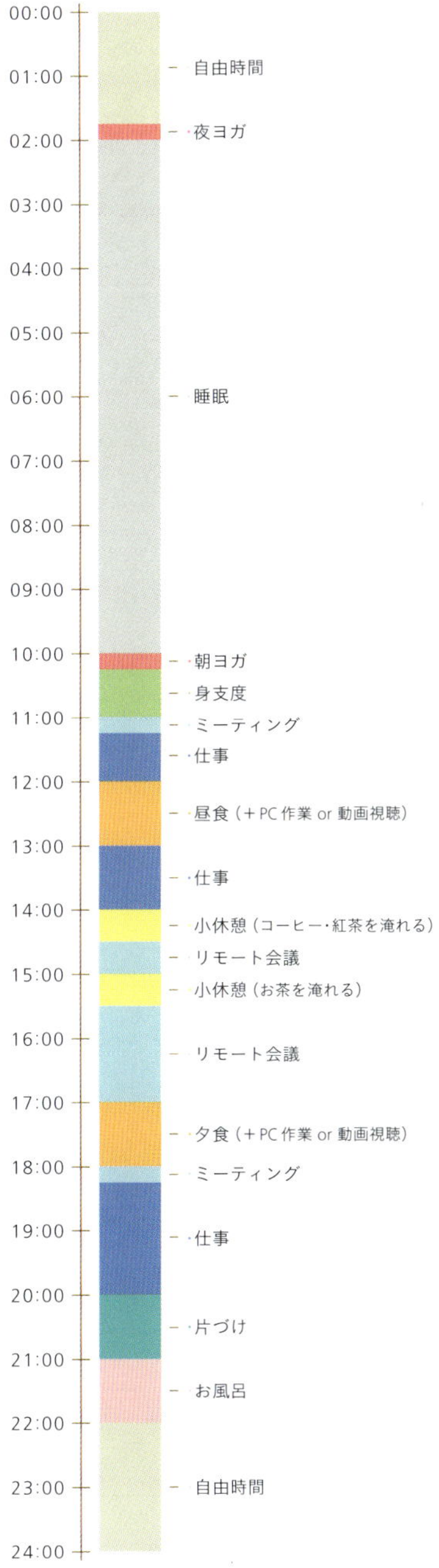

02:00

眠る前にはハチミツ

ハチミツをひと舐めして眠るのが日課。[アカシアハチミツ（BREITSAMER）]はクセがなく食べやすいという。

10:00

朝一番に出汁を飲む

一日のはじまりに「出汁」を飲むと、味覚がリセットされて“痩せ味覚”になるのだとか。

14:00

コーヒーブレイクでひと区切り

14時と15時くらいにコーヒーや紅茶、お茶を淹れるようにしている。

ビデオ会議用のWEBカメラとして ミラーレスカメラを活用する

ビデオ会議のカメラには何を使うといいのか。ノートパソコンの内蔵カメラ、またはUSB接続のWEBカメラを使うのが一般的ですが、表示画質や自分の見え方によりこだわるなら、ミラーレスカメラを利用するのがオススメです。ミラーレスカメラは、高画質で映像を表示できるほか、三脚にセットして目の高さから映せることや、カメラの設定を変えることで背景をぼかしたり、色調整や明るさ調整ができるといったメリットがあります。

ミラーレスカメラをWEBカメラとして使うには、カメラのHDMI端子とHDMIキャプチャーボードをHDMIケーブルで接続し、さらにHDMIキャプチャーボードとパソコンをUSBケーブルで接続する。

HDMIキャプチャーボードは、機能の豊富さによって2000円程度の安価なものから、1万円以上のものまでさまざまなタイプが発売中。なお、HDMIキャプチャーボードなしで、USBケーブルによる直結でWEBカメラ化できるミラーレスカメラも最近増えている。

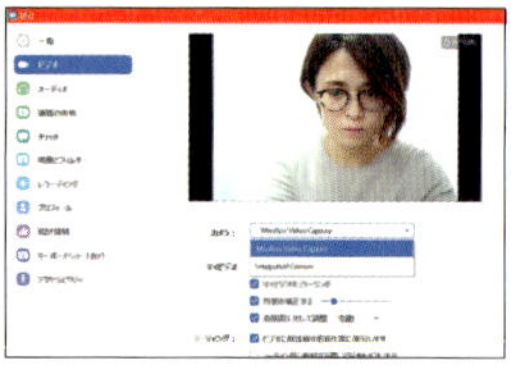

ビデオ会議ソフトの設定は、「ビデオ」→「カメラ」のメニュー画面で、初期設定であるPCの内蔵カメラから、接続したビデオキャプチャーボードに変更すること。

ミラーレスカメラのメリット

自然なアングルで見せられる

❶パソコン内蔵カメラ

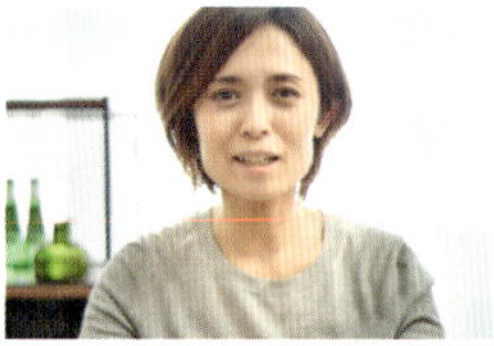

❷ミラーレスカメラ

❶ノートパソコンの内蔵カメラでは、カメラ位置が低いため、下からの不自然なアングルになりがち。しかも広角レンズなので歪曲が目立つ。

❷ミラーレスカメラと三脚を使えば、人の顔が最も自然に見える「目の高さ」にカメラを設置できる。またズームアップすることで広角歪みも解消。

画質が美しい

❸パソコン内蔵カメラ

❹ミラーレスカメラ

❸機種による差はあるものの、多くのノートパソコンの内蔵カメラは、動画の解像度が720p程度で、あまり高画質とはいえない。

❹ミラーレスカメラは1080p以上の高解像でビデオ出力ができ、ワンランク上の美しい画質となる。また背景のボケ表現も自由自在。

ビデオ会議の照明にこだわって自分をいっそう見栄えよく見せる

ビデオ会議で自分を見栄えよく見せるには、「光」にはこだわりたいところ。多くの場合、室内照明やデスクライトの光は下に向かって照射され、顔に適切な光があたりません。そこで、自分の顔を明るく照らすために、LEDライトを用意するといいでしょう。オススメは、リングタイプのLEDライト。カメラのレンズがリングの中央にくるようにカメラ位置をセットすることで、目や鼻、アゴの下の影が消え、明るい印象に見せることができます。

LEDリングライトは、単に顔を明るく照らすだけでなく、リングの中央にカメラを設置することで下からも光があたり、ほとんど影が目立つことなく照射できることがメリット。小型スタンドも付属し、安いものでは2000円程度で購入可能。

LEDライトのメリット

顔を明るく照らせる

❶室内照明のみ

❷室内照明
＋LEDリングライト

❶LEDライトを使わない、室内光のみでは、上から光があたるため、顔は暗くなりがち。これでは見る人の印象もよくない。

❷LEDリングライトを使うと、影がなくなり、明るい雰囲気になる。必要に応じて、ライト側の操作で光量調整もできる。

色や光量の調整ができる

❸LEDリングライト
色温度／白色

❹LEDリングライト
色温度／電球色

❸多くのLEDリングライトは、光量に加えて色温度の調整もできる。自分の部屋の環境に応じて最適な状態に合わせよう。

❹この部屋の場合、「白色」の設定ではやや青っぽく顔色が悪く見えるので、「電球色」に変更。より健康的な肌色になった。

STYLE06

在宅ワークはフリーアドレス、夫婦それぞれ好きな場所で働く。

YUKICH NO HOME

ゆきちのホーム

住宅・インテリアアドバイザー
Instagram　https://www.instagram.com/yukochnohome/?hl=ja
Twitter　https://twitter.com/yukichnohome
YouTube channel　[YUKICH NO HOME]

住宅アドバイザーの視点から在宅ワークの空間づくりを提案

住宅アドバイザーとしてYouTubeで活動するゆきちのホームさんは、普段会社勤めをしており、週に2〜3日、在宅ワークを行っている。4LDKの戸建てに移り住んだ直後に緊急事態宣言が発令され、当初は週の半分ほど自宅で仕事をしていた。「通勤時間を余暇にあてることができるので、平日にできることが増えました」と在宅ワークにメリットを感じているそうで、できれば今後も在宅ワークは続けていきたいと話す。

　家を建てる際、ゆきちさんは自分で間取りを考えようと独学で家づくりのノウハウを身につけていった。WEB上でアイデアを集めるなか、自分の知りたい情報がYouTubeで配信されていなかったため、家づくりのヒントを集約したチャンネルを開設。間取りの提案からインテリアの選び方まで、なるべくくわしく正確に情報を届けようと発信している。

デザインを取り入れた美しく豊かな暮らし
昨年3月に、4LDKの戸建て注文住宅を建てたゆきちさん。住宅アドバイザーの知識とインテリアコーディネーターの奥さまの経験、二人の感性によって、ナチュラルモダンを基調とした洗練された空間に。

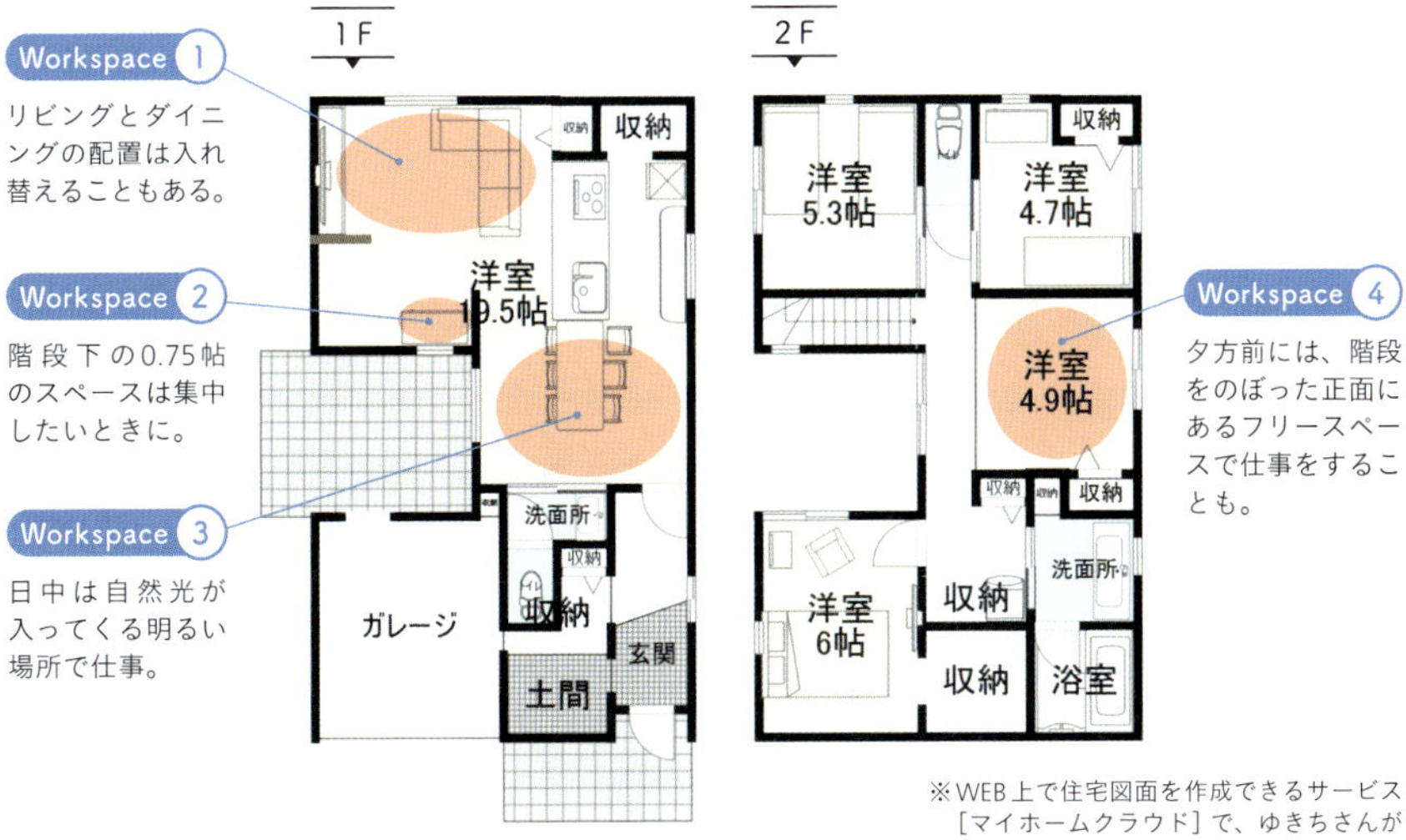

※WEB上で住宅図面を作成できるサービス［マイホームクラウド］で、ゆきちさんがつくった自宅の間取図（施工前）

ワークスペースづくりの要は音・光・電源まわり

在宅ワークを行う人が増えるなかで、「ワークスペースづくりに悩んでいる人の力になれれば」と、YouTubeで間取りのハウツーや実例を提案しているゆきちさん。ワークスペースをつくるにあたって最初に考えるべきことは、「音・光・電源まわりへの配慮」だという。

まず、キッチンや洗濯機置き場など、水まわりの近くにワークスペースをつくるのはNG。ある程度、生活音が気にならない距離を取ること。また、自然光を取り入れるとベストだそうで、手元を照らすライトに加え、部屋全体を適度に明るくする必要があるという。電源まわりは、コンセントの数や位置を確認し、デスクトップPCやプリンターを使用する場合は、スペースを確保できるかどうかも想定すること。Wi-Fiの通信状況が悪い場合は、中継器やメッシュWi-Fiを導入するといいそうだ。

在宅ワークに適したワークデスクの選び方

ワークスペースづくりに取りかかる前に、まずは自宅でどの程度のスペースを確保できるかを確認したうえで、デスクのサイズや形状を決めることが重要。

デスクのサイズは
最小で横幅110cm×奥行60cmは必要

- **十分なスペースを確保できない場合：**
  ノートPCひとつあれば仕事ができる人は収納可能なデスクを
  （折りたたみ式の簡易テーブルがおすすめ）
- **ある程度スペースを確保できる場合：**
  仕事に必要なアイテム類（書類や文具等）を収納できるデスクを
  （棚やひきだし付きの収納型デスクがおすすめ）

※収まりきらない場合、別に収納スペースを確保することを考えておく必要あり。
※この先も在宅ワークが続くことを想定して、持ち家の場合はリフォームという選択もあり。これから家を建てる場合は間取りにワークスペースを取り入れると◎。

集中したいときにこもる場所
1帖に満たない階段下のスペースを有効活用し、ゆきちさんが仕事やYouTubeの動画編集を行うワークスペースを設けている。将来的には子どもが勉強するスペースにと考えているそう。

デスク上にモノを置かない工夫

壁面にL字シェルフを取り付け、モノは極力デスク上に置かないように。インテリアグリーンやオブジェを飾ることで無機質な印象にならず、温かみを感じさせるワークスペースに。

ガジェットのケーブルはデスク下に通す

デスクの右奥にある配線孔にPCやスマホの充電ケーブルを通して、足元にあるコンセントへ。作業のジャマにならないよう、また、デスクまわりはキレイな状態をキープできるよう、配線などの電源計画は必須。

ペンダントライトを壁面に当てて反射させる

手元を直接照らすよりも、壁面に光を当てることで空間全体の明るさを確保できて広さも感じられる。また、壁面に光を反射させることで明るさがやわらぎ、目にもやさしい。

自然光を求めPCを持って家の中を移動
時間帯によって場所を移して仕事をしているそうで、明るい場所を求めて大きな窓に面したスペースに移動。お気に入りのソファ（unico）のかたわらにサイドテーブルを置いてPC作業を行う。

夕方前後に1階から2階へ移動
中庭に臨む2階のフリースペースには一日中、日が差し込むため、サイドテーブルを脇にPC作業をすることも。1階が暗くなり始めると移動することが多い。普段はストレッチをしたりするスペースだそう。

ダイニングテーブルの上はいつもキレイに
いつでも仕事ができるように、ダイニングテーブル（unico）の上にはモノを置かないようにしている。リビングとダイニングは時折、配置を入れ替えているという。

作業する場所やチェアを変えればちょっとした気分転換に

ＰＣひとつあれば仕事ができるというゆきちさんは、階段下のワークスペース以外に、朝・昼・夕方と場所を移しながら在宅ワークを行っている。階段下には自然光が入ってこないこともあって、時に日の光を求めてリビングのソファや、2階のフリースペースに移動。「長時間、ライトの下でＰＣ作業を続けていると目が疲れてきますが、自然光だと目にやさしい気がします」とゆきちさん。また、週に1〜2回、在宅ワークの日がある奥さまと、ダイニングテーブルで向かい合って仕事をすることもあるという。

4脚あるダイニングのチェアは、あえて異なる形状、座り心地のものを選んで購入。座る位置を変えるだけで、気分転換になっているようだ。「背中、おしり、ヒジが接したときの感触、相性を重視してチェアを選ぶといいと思います」と、ゆきちさんはアドバイスする。

生活音を遮る間取りの工夫と目にやさしい照明の提案

リビングやダイニングで仕事をしていたり、幼い子どもと暮らしていたりすると、リモート会議中などは特に、生活音に悩まされることも。在宅ワークを行ううえでは、「わが家のように1階2階と離れた場所に、複数のワークスペースをつくっておくのもひとつの手です」とゆきちさん。一方で別の場所を確保することが難しい場合、生活音を極力遮る間取りづくりも提案している。（具体的なポイントは間取図例を参照）

　また、明かりにも工夫が必要とのことで、調光・調色できる照明を取り入れ、仕事をするときは青色寄りの温白色に、食事をするときは黄色寄りの電球色に変えるなど、シーンごとに明るさや光の色を調節するといいそうだ。「長時間のPC作業やスマホの見すぎで目を酷使しているため、少しでも目にやさしい明かりに」と、ゆきちさんはすすめる。

Workspace 1　リビングやダイニングの横にワークスペースを設ける場合

間取図例A

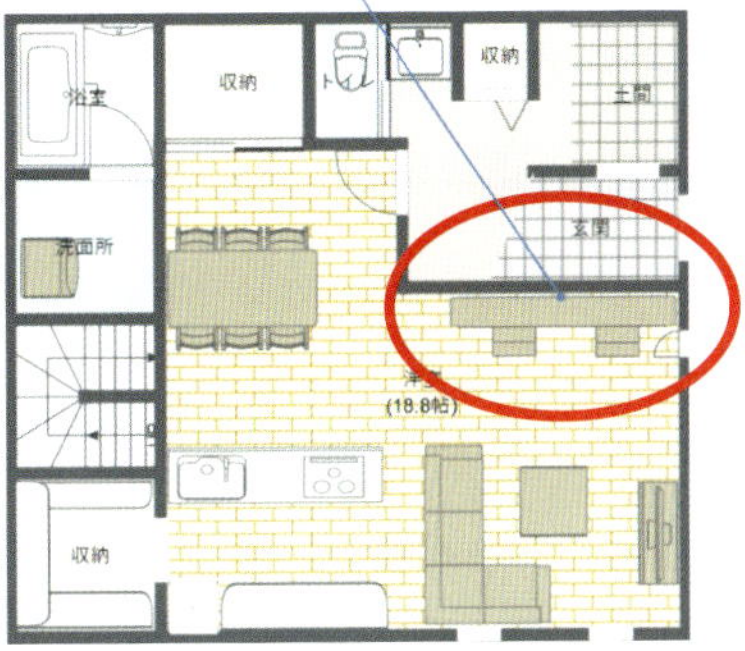

Workspace 2　ダイニング近くの収納部屋にワークスペースを設ける場合

間取図例B

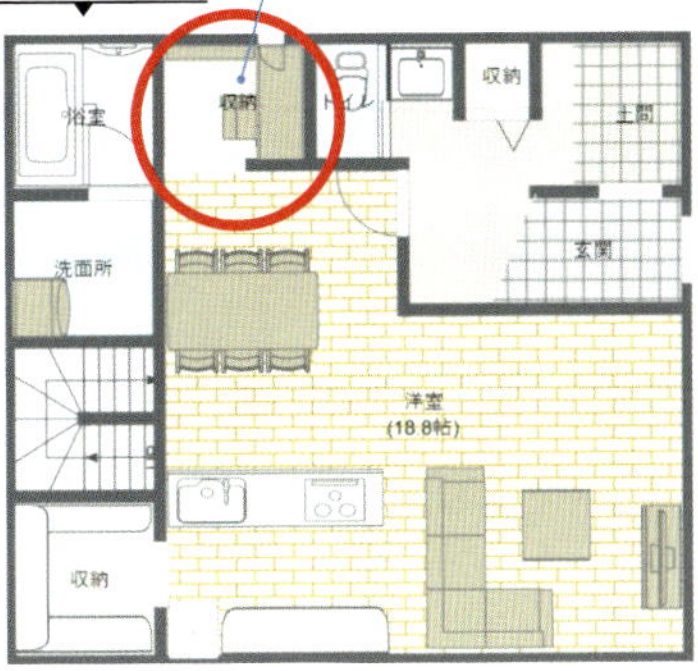

在宅ワークに適した間取りの提案

ワークスペースづくりで押さえておくべきポイントをふまえ、2つの間取りをゆきちさんがご提案。

間取図例A:リビングやダイニングの横にワークスペースを設ける場合

POINT

- ・キッチンの対角線上にワークデスクを配置（ある程度は水まわりの音が聞こえにくくなる）
- ・2人が同じ時間帯に在宅ワークを行う場合は、横幅のあるデスクと、チェアを1脚ずつ用意する（一人あたり横幅110cm程度確保できると◎）
- ・ワークスペースに自然光を取り入れる（間取図例では、ワークデスク右手に小窓あり）

間取図例B:ダイニング近くの収納部屋にワークスペースを設ける場合

POINT（収納部屋は2帖程度と想定）

- ・扉は付けずに収納部屋を半個室状態に（圧迫感が出ずに、生活音も聞こえにくい）
- ・ワークデスク横に収納棚を設ける
- ・ワークスペースに自然光を取り入れる（間取図例では、ワークデスク左手に小窓あり）

チェアはインテリアの一部 こだわり抜き自分に合ったものを

メイン使いのワークチェア選びは、悩みに悩んだというゆきちさん。さまざまな商品のデザインや質感、座り心地などを検証した結果、無印良品の［ペーパーコードチェア］にたどり着いた。ヒジ掛けのあるチェアは在宅ワーク向きだという、ヒジを置くだけで体重が分散され、長く座っていてもラクだそう。背面にくぼみのある形状や、座面がカラダになじんでいく素材のものもおすすめだという。

一方で、「機能性だけでなく、部屋の雰囲気に合ったものを選ぶことも大事です」と、インテリアとしての側面も重視する。また、背もたれのないスツールも、在宅ワークのおすすめアイテムのひとつ。ワークデスク横の一時的なモノ置きとして使えるほか、スツールの上にインテリアグリーンを飾ることで仕事の疲れを癒すなど、住宅アドバイザーの視点からスツールの活用法を提案する。

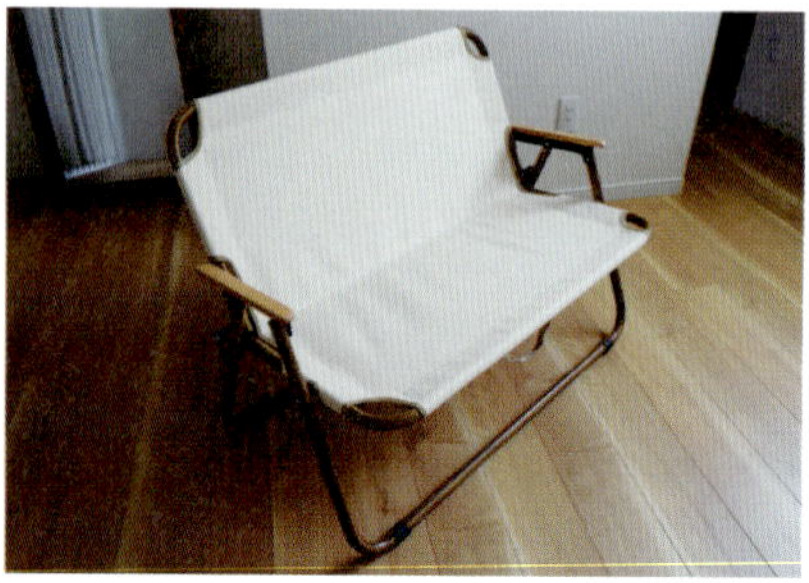

折りたためるアウトドアチェアを活用
アウトドアメーカーの2人掛けのリラックスチェア（Hilander）は、2階のフリースペースで使用。たたんでしまうことができて持ち運びにも便利。アウトドア用の折りたたみテーブルもワークデスクにぴったり。

経年変化で座面がカラダになじんでいく
オーク材を使用した［ペーパーコードチェア（無印良品）］。座面には紙でできたロープが無数に張られ、軽くて座り心地も抜群。美しい風合いや、カラダになじむよう削り出されたフレームもお気に入り。

スツールは機能的で独創的なデザイン
柳宗理の名作［バタフライスツール］は、どこに置いても存在感を発揮する。しなりのある合板が使用され、弓なりの形状をした大きな座面は独特の座り心地だそう。ゆきちさん宅では洗面所で使用している。

背もたれの高いチェアも仕事向き
普段はダイニングで使っているハイバックチェアもワークチェアに。一脚ずつ異なるチェアを購入しているそうで、今後はゆったりと腰かけることのできる北欧系のものでそろえていきたいという。

テイスト別に選ぶインテリアショップ

部屋の雰囲気に合ったインテリアを選べるよう、ゆきちさんがショップをご紹介。まずはHPで自分の好みのテイストかを確認し、取り扱うメーカーや価格帯を参考にして、ショップに足を運ぶといいそうだ。

ナチュラル系

明るくやわらかな印象のあるスタイル。[色] ホワイト＋自然の持つ色、[素材] ウッド調＋麻（自然素材）、[質感]カサカサ感＋みずみずしさ、[形状] 自然な曲線（直線的でない）、などが特徴。

日本の住まいに寄り添うデザイン
[unico]：北欧テイストやアンティークテイストの家具を中心に、オリジナル商品も取り扱う。

幅広い価格帯の商品がそろう
[Rigna]：充実した品ぞろえのオンラインショップ。大型のリアル店舗も都内にあり。

ラフでカジュアル感のある品ぞろえ
[CRASH GATE]：さまざまなテイストのアイテムを幅広くそろえる。オンラインショップも注目。

モダン系

無駄がなくすっきりとした現代的なスタイル。[色] ホワイト＋グレー・ベージュ、[素材] プラスチック＋ガラス・レザー、[質感] 光沢感＋繊維質・マット調、[形状] 直線的＋曲線的、などが特徴。

コスパのいい上質な家具がそろう
[Actus]：インポートからオリジナルブランドまで、テイストに合った家具選びができる。

ワンランク上の家具を選ぶならココ
[カリモク家具]：木製家具の国内トップシェアを誇る。人間工学を追究したデザインが特長。

インダストリアル系

クールでかっこいいスタイル。[色] グレー＋ブラック・ホワイト、[素材] アイアン＋ウッド調・コンクリート調、[質感]マット調＋ざらざら感、[形状] 直線的＋低めの重心、などが特徴。

ヴィンテージ・アイテムが目白押し
[ACME Furniture]：1960～70年代のアメリカのヴィンテージ家具とオリジナルプロダクトを取り扱う。

トレンド感のあるアイテムが多数
[journal standard Furniture]：ファッションブランドが手がけるショップ。オリジナル雑貨＆家電も豊富。

在宅ワークを機に変わった生活リズムと時間の過ごし方

自分の思い描く理想のマイホームを建てようと自ら間取りを考え、奥さまとともに夢を叶えたゆきちさん。新居での生活が始まるとともに在宅ワークとなって、新たな生活リズムが生まれたという。在宅ワークになる前は、平日は朝7時に家を出て、19時ごろに帰宅。通勤に要していた往復3時間を、今はYouTubeの制作や料理をする時間にあてている。好きなことに使える時間や夫婦の時間が増えたことで、「在宅ワークをきっかけに、今後、生活が豊かになっていくような気がしています」と、ゆきちさんは感じているようだ。

「自分の好きなもの、個性に囲まれて暮らすことが豊かさにつながる」という信条を胸に、生活にデザインを取り入れるための工夫や住まいのアイデアを、ゆきちさんはこれからも発信し続けていくだろう。

家電選びは機能美と性能を重視
ゆきちさん宅では、VERMICULAR製の炊飯器やBALMUDA製の電気ケトルなど、デザイン性の高い家電を愛用。インテリア映えする見た目もさることながら、使い勝手も抜群。ナチュラルモダンな空間にしっくりなじんでいる。

まるでクツを履いているような感覚に
前々からほしかったレザーのルームシューズ（room's）を、夫婦おそろいで購入。つま先が少し上がった形状で、底にすべりにくい素材を使用しており、「歩きやすくて安心」だそう。履き心地も申し分ないとのこと。

在宅ワークに便利なサイドテーブル
ゆきちさんがPC作業をする際に重宝しているサイドテーブル。シンプルなコの字型の形状のものは、ソファ下の隙間などに差し込むことで、近くに引き寄せて使うことができるので便利だそう。

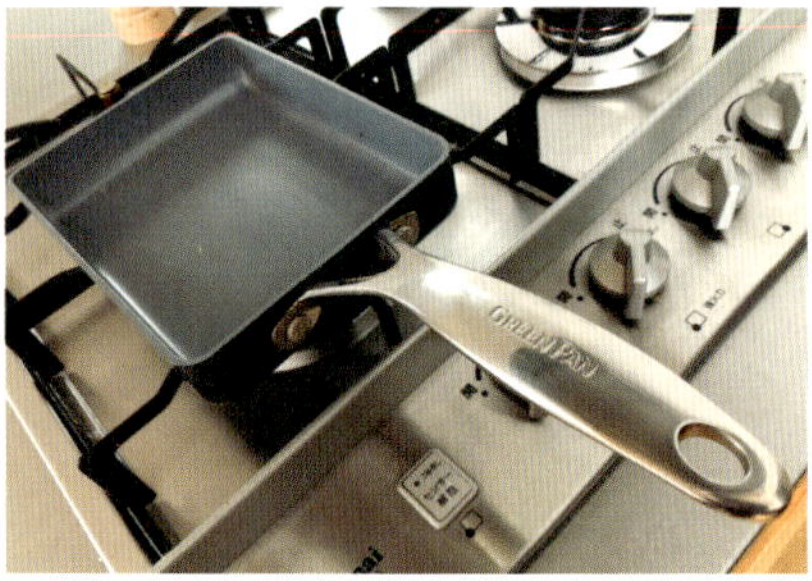

金属ヘラが使えるたまご焼き器
セラミック製のエッグパン（GreenPan/Venice Pro Magnetoシリーズ）。購入の決め手は、金属ヘラが使用できて耐熱温度が450℃と耐久性に優れているところ。食洗器にも対応している。

ある日の24時間

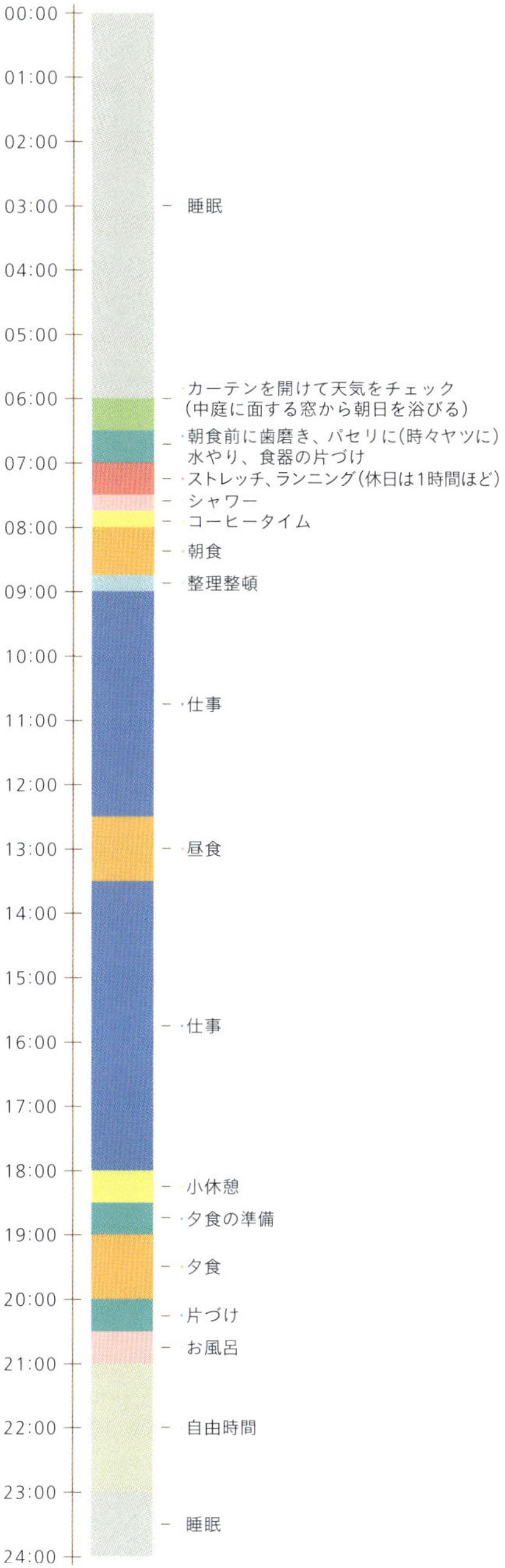

06:30

食洗器からカップボードに

身支度をしてから食器をしまうのがルーティンに。毎朝、奥さまのコレクションを拝んでいるのだとか。

07:45

至福のモーニングコーヒータイム

中庭を眺めながらコーヒータイム。朝のランニング後のコーヒーは最高だそうで、2杯は飲むのだとか。

18:30

奥さまの帰宅時間に合わせて料理

在宅ワークの日は、ゆきちさんが夕食を準備するのだそう。時には手の込んだ料理をつくることも。

海辺の街に移り、
念願のギャラリー&カフェをオープン。

Tetsuo Takashima

たかしまてつを

画家 / イラストレーター
HP　http://www.tt-web.info/
Blog　[tt-blog] http://tt-blog.seesaa.net/
Twitter　https://twitter.com/takafine/

画家・イラストレーターの自然体のワークスタイル

画家として自由に絵を描き、イラストレーターとして雑誌や書籍、WEB媒体を中心に仕事をしているたかしまてつをさん。たかしまさんのスタイルは、あくまで自然体。時間にとらわれずに毎日を過ごしながらも、仕事はきっちりとこなし、自由気ままに創作活動を行っている。

たかしまさんがフリーランスとして在宅ワークを始めたのは27年ほど前。大学卒業後、会社勤めを経て27歳で独立。WEB上で人と人とが初めてつながったというサービス「ニフティサーブ」を活用し、イラストレーターとして活動していくための情報を得ていたという。当時はインターネットが普及し始めたばかりで、現在のWEB環境と比べ利便性が雲泥の差であるのはさることながら、在宅ワークに対する世間の理解がなかったように思うといい、「いろんな意味で今はほんとうに快適になりました」と話す。

デジタルツールでイラストの仕事

デジタルでイラストの仕事をしているたかしまさん。イラストを描くときは主に、iPadを液晶タブレット代わりに使用している。2013年から続くWEB連載の4コマストーリー『ニワミヤさん』（幻冬舎plus）を制作中の様子。

おなかにのってくる猫が目覚まし代わりに

かれこれ10年以上、猫と暮らすたかしまさん。ひと仕事終えて眠っていると、お嬢さん猫・ナロがおなかの上にのって起こしてくれるのだそう。

自身のギャラリー＆カフェでPC作業

自宅の階下で、奥さまとともにギャラリー＆カフェを営むたかしまさん。自身の作品が飾られた店内で仕事をすることもあるという。

海辺の街でギャラリー＆カフェをオープン

2016年にオープンした［At GALLERY N'CAFE］は、たかしまさんの作品を展示するギャラリー＆カフェ。オーナーである奥さまとともに、「自分たちが好きだと思う空間で、のんびりと作品をながめて過ごしてもらえる場所をつくりたい」という夢を叶えたという。

海辺の街に暮らし 充実した創作活動を行う日々

たかしまさんが海の街に越してきたのは5年前。きっかけは、大磯に住む昔なじみの友人宅に何度か足を運ぶなか、この町ののんびりとした雰囲気が気に入っていたことと、ギャラリー&カフェをオープンする夢を叶えるのに理想的な物件に出合えたからだという。現在、海岸近くの古民家で奥さまとともにギャラリー&カフェを営みながら、充実した創作活動を行っている。

「すぐそばに海があるという暮らしが、心にゆとりを生んでくれているように思います」とたかしまさん。毎日海を見に行くわけではないけれど、「心の中に海がある」ようで気持ちの面でプラスにはたらき、作風にもよい変化が表れているという。「自分の体験や感じ方によって絵は変わるもの」だといい、大磯の地に暮らし、町の人びととのふれ合いや、自然から受ける影響は大きいと話す。

海の近くに暮らし始め心身ともに健康的に

潮風がカラダにいいといわれている影響か、海の近くに越してから5年もの間、風邪をひいたことがないという。自由気ままに暮らしを楽しんでいることもあって、きっと心身ともに健やかなのだろう。

絵を描くときはいつでもどこでも

ペンと紙さえあれば、どこででも絵を描けるというたかしまさん。お客さまのご要望で、自身が制作した本にサインを入れて、カラフルな[ゲルマーカー(PILOT)]で描きおろしのイラストに着色中。

大磯の海岸で防波堤の壁に絵を描く

大磯北浜海岸の西湘バイパス橋脚下には、カラフルな壁画がさまざまに描かれている。海岸の美化を目的に大磯町商工会青年部が毎年行っている壁画事業で、たかしまさんも参加。大磯の海に彩りを添えた。

デジタル環境とアナログ環境 ワークスペースをゆるく分ける

1つの部屋を完全にワークスペースとして使用しており、空間を2つにゆるく分けている。一方はPC作業を中心としたデジタル環境に、もう一方は手描きで作品を描くなどのアナログ環境となっている。エリアを分けることで気持ちが切りかわり、まったく異なる作業に没頭できるという。また、キャンバスに絵を描いたりダミー本を制作したりする際は、立ってカラダを動かそうと意識しており、PC作業で座りっぱなしの状態にならないようにしているそうだ。

作業効率の観点からは、在宅ワークでは仮眠の時間を取ったほうがいいという。眠たくなる食後に20分程度、ちょっと眠るだけで後の仕事が効率よく進むといい、その時間を気楽に取れるのも在宅ワークのメリットだと話す。あえて時間は決めずに「ココロとカラダに正直に」、それがたかしまさんのスタイルだ。

場所を変えてイラストや絵を描く

Macでイラストを描くとき（写真右）と、ペンや筆で絵を描くとき（写真左）とで、1つの空間を2つのエリアに分けている。「仕事をするときも遊ぶときも、基本的にはずっとこの部屋にいます」と、家で過ごすのが大好きだという。

タスクはいつでも目に入るように

スケジュール管理は［Googleカレンダー］、タスク管理は付箋メモアプリ［Stickies］を活用。モニターに大きくタスクを表示しておけば一目瞭然。締切間近ともなれば紙に書いて掲示して、デジタルとアナログの両方でチェックしている。

占拠されがちなワークスペース

気づくとそばに忍び寄ってきている愛猫たち。仕事中だろうとなんだろうと、お構いなし（?!）にデスク上を占拠。「そろそろ休憩にしませんか？」と、たかしまさんに声をかけてくれているらしい。

愛猫をヒザの上にうたた寝

仕事中にいつの間にか眠ってしまうこともあるというたかしまさん。甘えん坊のおじさん猫・えんといっしょにうたた寝中。愛猫たちとの暮らしは、ブログ「あすナロにっき」に綴られている。

長年、在宅ワークを続けてきて必要だと思ったアイテムたち

在宅ワークが一般的になってきたことで、「各メーカーが在宅ワークに適したアイテムを開発、販売してくれるのはうれしいことです」とたかしまさん。「これは便利！」だと思ったのは、ファッションブランドのＡＯＫＩが手がけるホームウエアだそうで、「パジャマのまま、リモートで打ち合わせができるようなもの」とのこと。普段から自宅で仕事をしているため、人目を気にせずラフなスタイルであることが多いそうで、ちょっとした打ち合わせがあっても、きちんとして見えるのがおすすめポイントだという。

また、在宅ワークで最も重要だというのはワークチェア。長年、腰に不調を抱えているそうで、人間工学に基づいたデザインのものを選び使い続けている。近ごろは仕事中に眠ってしまうこともあって、引っ越しを機にヘッドレストのあるものを新調したそうだ。

自分のモノにサインを入れると愛着がわく
「自分の持ちものが“好きなモノ”になるように」との想いで、使っているモノに手書きでサインを入れたり、絵を描いたりするというたかしまさん。すると、自然とモノに愛着がわいてくるのだそう。

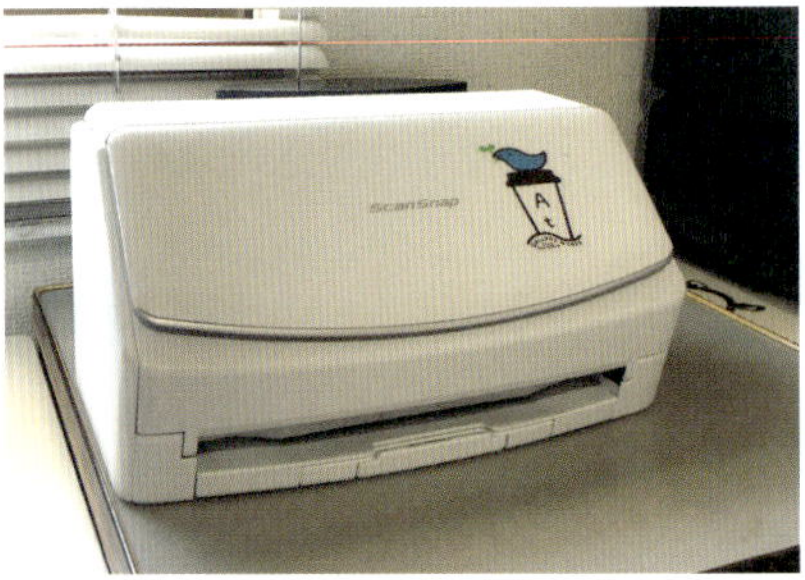

スピーディーでコンパクトなスキャナー
職業柄、高性能のスキャナーは必需品。ドキュメントスキャナーは［ScanSnap（PFU）］を長らく愛用している。書類整理や名刺管理に重宝しており、名刺はOCRで読み込むため検索性にも優れている。

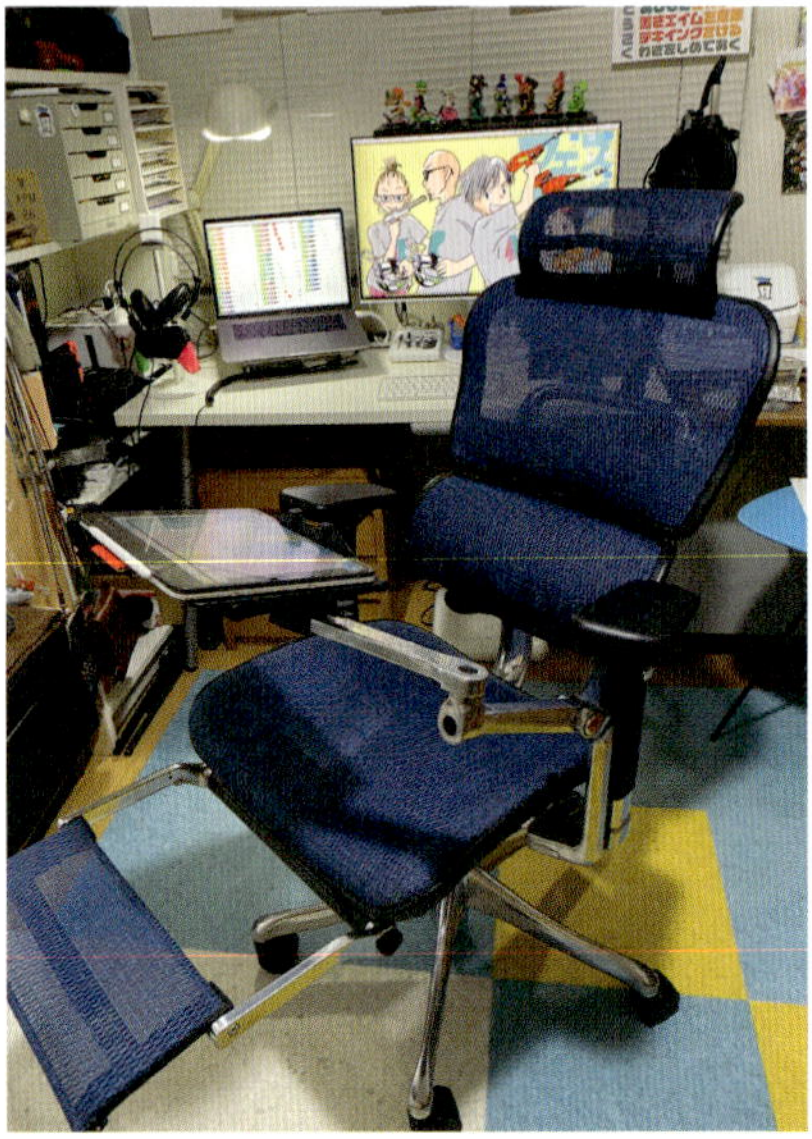

人間工学に基づいた高機能のチェア
以前は［アーロンチェア（HermanMiller）］を愛用していたが、現在はヘッドレストがあるErgohumanのフラッグシップモデルに。オットマンとタブレットスタンドも付いていて、ラクな姿勢で作業ができる。

リモート会議にも出席できてラクチン
[パジャマスーツ(AOKI)]は、「パジャマ以上・おしゃれ着未満」をコンセプトにした、在宅ワークにぴったりのホームウエア。パジャマのようにラクな着心地でもきちんと感あり。セットアップ&素材も選べる。

ノートPCを保護&デスクまわりを省スペース化
キーボードカバー(バード電子)をかぶせ、ほこりや汚れをガード。カバーの上で資料を広げたり、メモ書きもできたりするので、ノートPCをひろげたまま作業ができる。キーボードに乗りたがる猫たちのいたずら防止にも。

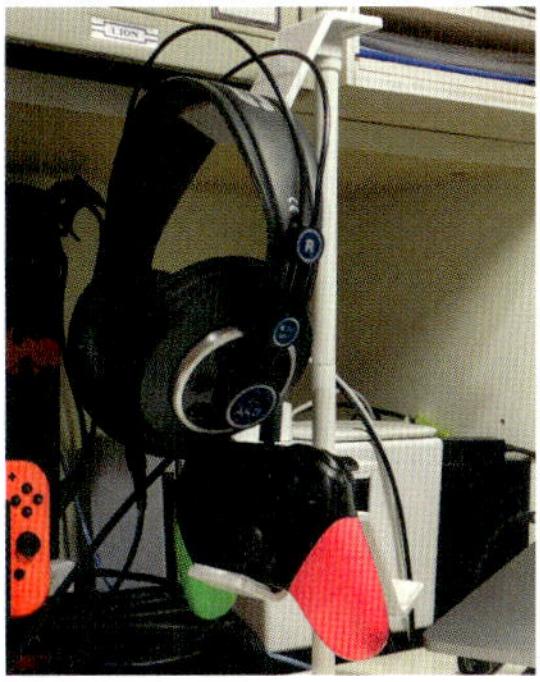

ヘッドフォン&コントローラーを定位置に
意外と置き場に困るモノの収納アイテムをご紹介。ゲーム好きなたかしまさんがAssistOnで購入したゲームコントローラー・ラックには、オーバーヘッド式・肩掛け式のヘッドフォンも収納できる。

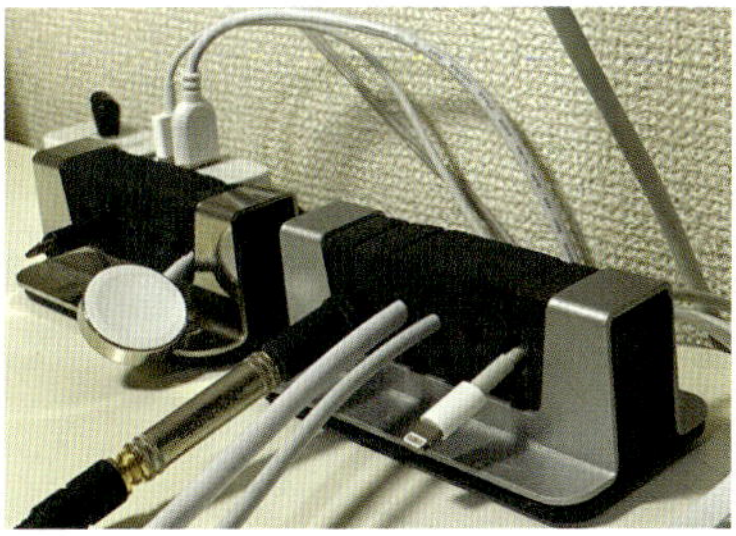

ゴチャつくデスク上のケーブルを整理
ケーブルの整理には[Keeper(バード電子)]。ケーブルを通す穴のサイズは3種、計5本のケーブルをデスク上にホールドできる。ホルダー自体に重さがあるため、太めの電源ケーブルにも対応。

じわ〜っと足元を温めて集中力アップ
電気足温器で「頭寒足熱」。血のめぐりがよくなるとともに、集中力がアップするとも。また、モニターに合わせてチェアの高さを調整すると少し足がブラつくので、足をのせる台としても使用中。

ゲーム実況をYouTubeで毎日配信
平均年齢50代、イラストレーター、漫画家、デザイナー、カフェオーナーの4人で、チーム「ネコヌリ」を結成。「夜な夜な部活なみに［スプラトゥーン］をプレイしています！」とのことで、本業の合間に各々ゲームの腕を磨いているのだそう。

好きなことを好きなときに＋やるべきことはきっちりと

「酒を飲み、猫を愛で、ギターの練習をしたり、そして絵を描く、わりと静かに楽しい毎日を過ごす者」と自称するたかしまさん。「好きなことを好きなときにする」というスタンスとはいえ、仕事は相手あってのもの。長年、フリーランスとして活動してきたからこそ信用を第一に考え、「相手を不安にさせないように」と、何事も早めに対応するよう心がけているそうだ。やる時間は決めないけれど、やるべきことはきちんとやる。たかしまさんは〝自由〟をはき違えることなく、プロフェッショナルとして仕事を全うしている。

　ちなみに、趣味が高じてゲームが仕事につながっているそうで、ゲーム実況動画を毎日YouTubeにアップしたり、Twitterを更新したり、連載を持ったりと、楽しい(!?)締切を適度に抱えながら、奥さまを含むチーム4人でオンラインゲームを楽しんでいる。

座りっぱなしのカラダを踊ってリセット

町の人に誘われ習い始めたという、カネフラ（男性版フラダンス）。月に3回、リフレッシュがてら踊っているそうで、時にフラダンスイベントに参加したり、海の家やショッピングモールで踊ったりしている。

愛くるしい動物たちの陶芸作品

家庭用のオーブンで焼いてつくるという、手のひらサイズの陶芸作品。アクリル絵の具で着色したオブジェや豆皿などは、「うれしそうなトリ」「寝そべるクマ」などと題され、ギャラリーで展示&販売している。

真夜中の“夜あそび”

晩酌を楽しみながら気ままに絵を描く

夜は心のおもむくままに絵を描く＝“夜あそび”しているというたかしまさん。真夜中に興に入ると筆が止まらなくなるそうで、好きなだけ描いてから床に就くという。

「ルールをつくらない」のがルール 時間は決めずやりたいことを優先

在宅ワークのよい面は、うたた寝ができること、アラームをかけずに自然と目を覚ます生活が送れることだといい、「それが幸せです」とたかしまさん。「好きなことを好きなときにする」という時間にしばられない暮らしぶりが気に入っており、性に合っていると話す。そのため、できるだけものごとをルーティン化せずに、「ルールをつくらないルール」にしているそうだ。「描きたいときに描く絵がいいものになるし、今これをやっておこう、と思ったときに取りかかる仕事が一番はかどります」と、やりたいときにできるところにも在宅ワークのプラスの面があるという。また、わりとこま切れに集中して作業するタイプだそうで、自分の興味や好奇心によって、その時どきで作業を切りかえられるのもいいそうだ。夜はお酒をかたわらに、たかしまさんは自由気ままに、大好きな絵を描き続ける。

真夜中になると作品づくりに没頭
夜中にキャンバスに向かうことが多く、興に入ると明け方まで描き続け、深夜2時から朝7時がコアタイムになることが多いのだそう。時に、作業の合間にお酒を飲んだり、ギターを弾いたりしながら、至福の創作時間を楽しんでいる。

唯一のルーティンは「猫にごはん」
たかしまさんが唯一、時間を決めて行っているのが猫にごはんをあげること。18時近くになると猫たちがふらりと姿を現し、たかしまさんのことをチラチラ見たり、「おなかがすいた」と鳴いたりして知らせるという。

ある日の24時間

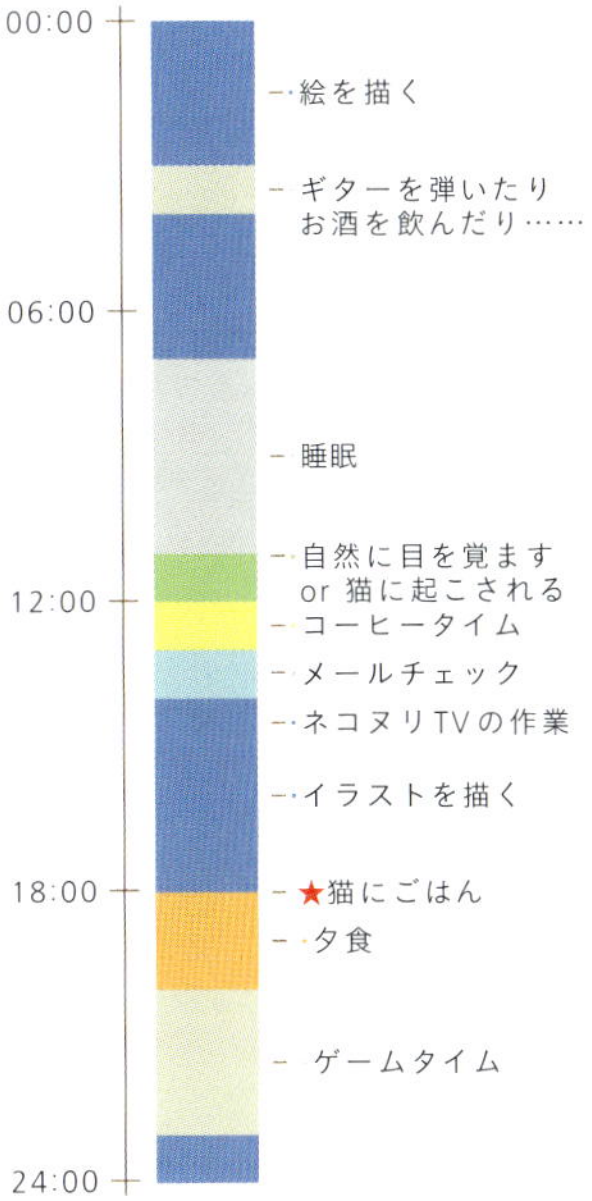

朝起きたら ……

コーヒータイム
奥さまに淹れてもらったおいしいコーヒーを一杯いただく。

深夜になると ……

心のおもむくままに……
絵を描き始め、大好きなお酒を飲みながらギターを弾いたり。

夕方まで ……

イラストの仕事
絵を描くのはいつでもどこでも。店内でも仕事をしている。

STYLE08

二人揃って働く楽しさ！
時短おやつづくりが気分転換に。

mio & yu

nidones

YouTuber
Instagram　https://www.instagram.com/nidones/
Twitter　https://twitter.com/nidones
YouTube channel　[nidones / 二度寝から目がさめたら]

二人で創作する時間を生み夢の実現に向けて邁進する

「nidones」として活動するミオさんとユウさんは、クリエイターのカップル。昨年7月から郊外の団地で同棲を始めると同時にYouTubeチャンネルを開設。二人の時間を楽しむアイデアや、ていねいに暮らすためのヒントを発信している。動画の世界観をつくるミオさんはInstagramの代行運用をはじめ、SNSマーケティングに携わっている。3月までは週の半分ほど在宅ワークを行っていたが、以降は出勤する日が増えているという。片や動画の撮影や編集を担うユウさんは、映像制作やグラフィックデザインに従事しており、週4日は通勤し、3日はフリーランスとして活動しているが、現在は自宅で仕事をする日が続いているそうだ。在宅ワークと同棲を機に一緒に創作活動ができる時間が増え、二人が叶えたいという夢に向かって少しずつ歩みを進めている。

二人の感性と仕事の経験がベースに
二人ともSNS関連の仕事に携わっていることから、最先端の情報にふれ刺激を受けている。一方で、YouTube制作で培ったノウハウや、互いに影響を与え合い磨きがかった感性が、仕事に活かされているという。

YouTubeで魅せる“ていねいな暮らし”
ミオさんが趣味にしていたSNSや彼女のセンスを活かそうと、ユウさんが「一緒にやってみない？」と導いて二人の創作活動をスタートさせる。YouTubeをはじめ、二人が織り成す世界観と心豊かに暮らす姿に、見る人は憧れを抱き、癒されている。

“二度寝の瞬間”に味わう心地よさが伝わるように
二人の考える幸せな時間のひとつが、“二度寝の瞬間”だという。「私たちが発信するものを目にしてくださる人たちに、二度寝をするときのような至福感を味わってもらえたら……」という思いを胸に、創作意欲をかき立てている。

「家で働く」というスタイルを知り生活を軸に考えた生き方を模索

家の中で居場所を固定せずに、さまざまなスペースで仕事をしているミオさん。在宅ワーク中に自分に合った息抜きの方法を見つけ、簡単なスイーツをつくって食べたり、音楽のプレイリストをかけたりして、オン・オフを切りかえている。「在宅ワークは自分にとっていい機会になりました」と、出社しなくても十分仕事ができると気づいたこと、また、ユウさんとともにYouTubeを始め、家でできる仕事を自らつくり出せることがわかり、人生の選択肢が増えたと話す。今後、自分ができることの幅や、やりたいことの可能性が広がったと感じているようだ。もともと暮らしへのこだわりや、理想的な生活のイメージを持っているミオさんは、「自分たちが望む生活を送るために、これからどんなスタイルで、どんな仕事をしていこうか」と、視点を切りかえることができたように思うと話す。

タスク管理はスマホ＆LINEで

平日のタスクはスマホで管理しているミオさん。週末はnidonesの活動を行っているため、ユウさんとLINEでスケジュールを共有し、創作に関する進捗やタスクを互いに把握している。

家の中ではどこでも仕事ができる

たとえベッドの上だろうと、どこでも仕事ができるタイプだというミオさん。むしろいつも同じスペースで仕事をするほうが苦手だそうで、気分を変えたいときは、別のスペースに移動して仕事をしている。

おうちでつくれるカフェ風メニューを考案

カフェのオープンは二人の夢。ミオさんはオリジナルのスイーツを考えては、Twitter上のWEB雑誌で毎月紹介している。写真は、ホットケーキミックスで簡単につくれる、ひと口サイズのシリアルパンケーキ。

二人が好きな香りでリラックス

在宅ワークになって取り入れたという香りアイテム。ウッディな香りの［オロウス アロマティック ルームスプレー（Aesop）］は、気分を切りかえたいときに使っている。ユウさんもお気に入りの香りだそう。

フォトジェニックに仕上げ気分もアップ

自宅でできる楽しみを見つけるのが得意なミオさんは、おうちカフェ気分で大好きなココアをつくり、仕事の合間にひと息入れている。味だけでなく見た目にもこだわり、目にも楽しませて気分を一新しているそうだ。

団地ならではの光景が癒しに

隣接する建物がない団地の窓からは遠くまで景色を見渡せて、仕事中にふと窓の外に視線を移すと気分が晴れるという。また、団地に住む子どもたちの遊ぶ声が聞こえてくると癒されるのだそう。

休憩時間は時短でおやつづくり

ミオさんの息抜きの方法のひとつは、仕事の合間の休憩時間におやつをつくること。時短を意識して、5～10分で簡単につくれるものと決めて、日頃からアイデアをストックしている。ユウさんにも、もちろんおすそわけ。

仕事がしやすいように常に整え自分の居心地がいいスペースに

デスクまわりには強いこだわりを持っているというユウさんは、押入れに自分専用のワークスペースを設置した。「一日中そこにいたくなるような場所にしたい」そうで、チェアに腰かけたときに目の前に広がる風景を見て、「ワクワクしてくる空間づくりを意識しています」という。例えば、音楽で気分を上げて仕事ができるように、高音質のスピーカーを配置。作業がはかどる大画面のモニターも大事だといい、今の自分が手に入れられる最高品質のアイテムを導入していると話す。また、勤務先から自宅に帰ってすぐに仕事を再開できるようにと、高性能のマウスは同じものを2つ用意し、自宅とオフィスにそれぞれ置くなど、仕事のための投資は惜しまないそうだ。「好きを仕事に」しているユウさんは、自分にとっての心地よさを追究しながら、在宅ワークに精を出している。

自宅用とオフィス用で同じマウスを2つ
同じマウス［MX MASTER 3］（Logicool）を2つ購入し、自宅とオフィス、それぞれ専用にしている。カバンのモノを出し入れしている間にモチベーションが下がってしまうそうで、マウスは持ち運ばないのだという。

充電する場所はシンプルに1か所で
ゴチャゴチャした状態が苦手だというユウさん。スマホやスマートウォッチは定位置で充電し、配線もスッキリ収納。家の中で充電する場所を1か所に決めておけば、探したり散らかしたりすることもなくなる。

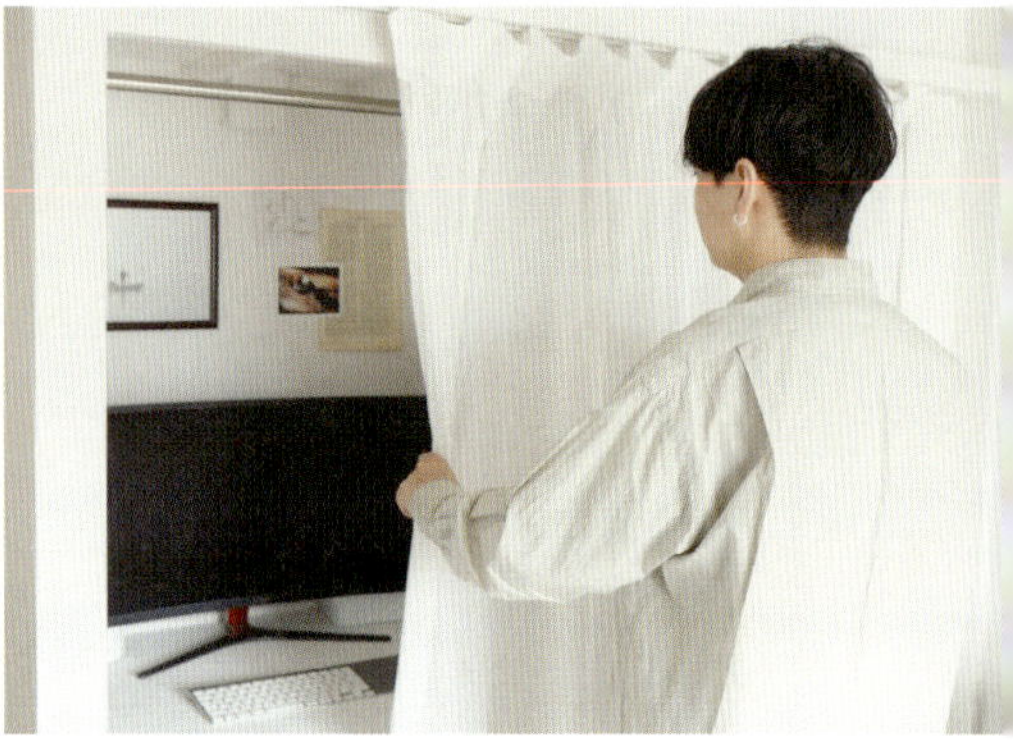

使わないときは隠せる押入れワークスペース
もとは寝室だった部屋の押入れをユウさん仕様に。リビングやダイニングはミオさんの感性が散りばめられており、二人のセンスがごちゃまぜにならないよう、それぞれのスペースで個性を発揮している。

ハイスペックなアイテムでやる気をアップ

「デスクまわりは家の中で一番いい環境にしたい」と、音響にもこだわっている。［ウッドコーンシステムコンポ/EX-NW1（JVC）］を購入してからは、あまりの音のよさにスマホで音楽を聴くことは少なくなったそう。

すべてのモノの定位置を決める

モノは極力少なく、デスクまわりのアイテムの定位置をすべて決め、必ずそこに置くようにしているという。あるべきところにモノが整然と並んでいると、モチベーションをキープできるとのこと。

自然を感じながら近所をお散歩

散歩が大好きなユウさん。ランチ時にはごはんを買いに行きがてら、近場を軽く散歩して気分転換。時にミオさんも一緒に外に出るそうで、朝のゴミ出しのついでに、二人で散歩をすることもあるという。

コーヒーは寝覚めに＆仕事中に

コーヒー好きのユウさんは、カフェイン抜きに仕事はできないのだそう。目覚めの一杯でカラダを温め、徐々に仕事モードに。ゆっくりできる休日の朝は、ミルで豆を挽いてコーヒーを淹れるというこだわりよう。

週末は二人で掃除をして心身のメンテナンスを

土曜の朝は二人で掃除をすることから始め、掃除のあとにはミオさん特製のスイーツでささやかなご褒美タイム。部屋をキレイにして身も心もスッキリさせてから、週末にクリエイティブ活動を行うという。

誕生日は特別なディナータイムに

ユウさんの誕生日を、毎年サプライズで祝ってくれるというミオさん。一緒に何をしたら楽しいか、相手が喜ぶか、人の幸せを自分の幸せとして考えられる彼女を、ユウさんは尊敬し大切に想っているという。

WEB雑誌を制作しアイデアを形に

雑誌のデザインやレイアウトを見るのが好きだという二人は、「nidonesの月刊誌をつくろう！」とWEB雑誌を創刊し、毎月末、Twitter上で公開。「本をつくる」という夢の第一歩を踏み出した。

大きな夢に向かって歩みながらささやかな喜びを分かち合う

ミオさんとユウさんには、一緒に叶えたい夢が3つあるという。ひとつは本を出すこと、お店を開くこと、そしてモノをつくること。これらを実現するための足がかりとしてYouTubeチャンネルを開設し、nidonesとして活動する二人は、週末は決まって創作に時間をあてている。「こうして夢の実現に向けて動けているのは彼のおかげです」とミオさん。いつも夢に向かって行動しているユウさんに背中を押され、普段も彼の「よし、やるぞ！」のかけ声で、ミオさんのやる気スイッチが気持ちよくオンになるという。一方でユウさんは、ミオさんが自分たちの暮らしを心地よくするためのアイデアや、何気ない毎日に彩りを添える小さな楽しみを考えてくれていることに、心から感謝していると話す。二人が想いを寄せ合い、共に過ごす時間を豊かなものにしていることがわかる。

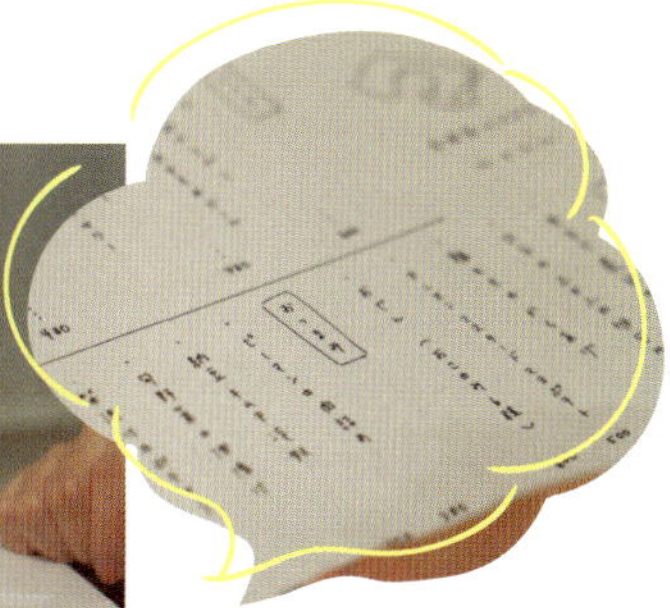

**おうち居酒屋で
外食気分を味わう**
「居酒屋にどねす」のロゴ入りグラスやメニュー表をつくり、“おみせやさんごっこ”を楽しんでいるのだそう。

在宅ワークでゆとりある朝に
在宅ワークになって、二人でゆっくりと朝食をとることができるのも、「期間限定のおたのしみ」だというミオさん。朝食の準備の合間に、本を読んだりする時間と心の余裕も生まれている様子。

時短でできる お手軽トースト

5～10分もあれば簡単につくれる、おいしいトーストのレシピをご紹介。nidonesさんのアイデアを参考に、オリジナルのアレンジも楽しんでみては。

アップルシナモントースト
食パンにマスカルポーネチーズを塗り、バターで炒めたリンゴをのせてトースト。ナッツ類をトッピングして、仕上げにメープルシロップ＆シナモンパウダーを。

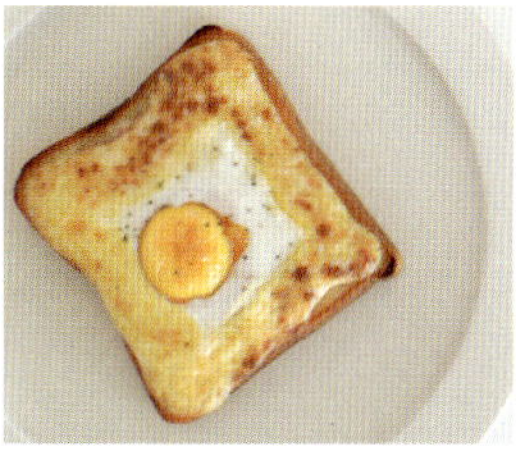

ラピュタパン
ジブリアニメ「天空の城ラピュタ」風の、とろとろ半熟卵とベーコンのトースト。ベーコンをのせて食パンの耳に沿ってマヨネーズを絞り、生卵を落して焼くだけ！

マシュマロチョコトースト
食パンを軽く焼いてバターを薄く塗り、マシュマロをのせて再びトースターへ。マシュマロの表面に焦げめがついたら取り出して、チョコソースをかけてできあがり。

四季の移ろいを楽しむ“お庭ピクニック”

バスケットにお菓子を詰め、お気に入りのクツを履いて、自宅の玄関から徒歩1分。団地の敷地内にある広場で、ピクニック気分を楽しんでいるという二人。

団地の前に長く続く桜並木を二人で散歩

「満開の桜の下を早く二人で歩きたかった」というユウさん。夏に引っ越してきたため1年もの間、桜の季節を待ちわびていたのだそう。

四季折々の景色と旬の味覚を味わう

窓辺から四季折々の景色を眺めるのも楽しみのひとつ。料理やスイーツに旬の食材を取り入れることで、日々の暮らしに季節感をプラスしている。

クリスマス当日までの楽しみをつくる

クリスマスまでの日にちを数えるためのアドベントカレンダーを手づくり。互いに用意したプレゼントの袋を毎日ひとつずつ開けていく。

互いを思いやる心を忘れずに 季節感を取り入れながら暮らす

家の中でも自然が感じられる今の団地暮らしを気に入って、生活に四季の楽しみを取り込んでいるnidonesの二人。「楽しみは自らつくり出すもの」であると、エネルギーを注いで行動に移しているという。好きなものを大切にし、〝ご機嫌に〟過ごす方法を生み出して、ていねいに暮らすミオさんとユウさんは、互いを想い合い、これからもしあわせな日々を送るだろう。

ある日の24時間

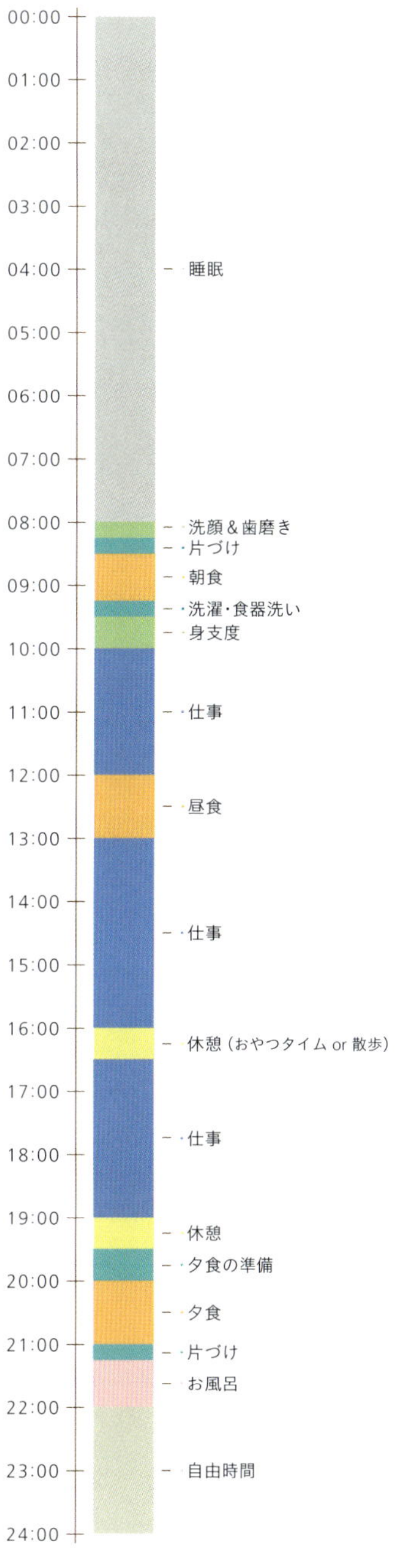

08:30

ちょっとした工夫で朝食をおいしく

朝食をつくるときにもひと工夫。焼網（丸十金網）でトーストすると、食パンがふんわりもちもちに。

16:00

気分転換のおやつタイム

ミオさんお手製のスイーツやドリンクでひと息入れて、気分転換をしてから仕事を再開。

19:00

夕食の準備も二人で一緒に

一人が食事の準備を始めると、いつの間にか二人でキッチンに並んで料理をしているという。

STYLE09

好きなときに、好きな場所で仕事をするこれからの働き方。

山本ゆうこ

ノマドワーカー / ブロガー / WEBサイトの企画・運営
Blog ［ノマド GO］ https://nomad-go.jp/
Twitter https://twitter.com/ymmt825yk
YouTube channel ［ノマドGO - 山本ゆうこ］

〝好きなこと〟を発信しながら在宅ワーク×ワーケーション

世界中のノマドカフェの情報を集めたWEBサイト「TABI CAFÉ」を制作・運営している山本ゆうこさん。会社員からノマドワーカーへと転身したきっかけは、旅をしながら仕事をしている人の〝ノマドライフ〟に影響を受けたからだそう。「自分も場所にとらわれない働き方がしたい」と、会社勤めをしながらWEBコンテンツの制作に着手し、自由に働くための準備を始めた。アフィリエイトで収入を得るようになってからは、気のおもむくままに世界各国を飛び回り、旅のことやノマドワークに役立つ情報、アフィリエイトで培った経験などをブログやSNSで発信。「好きなときに好きな場所で」ワーケーションを楽しんでいる。その後、世の中が外出自粛になるタイミングでYouTubeチャンネルを開設。現在は在宅ワークを行うとともに、国内を旅しながら仕事をしている。

「ノマド天国」のチェンマイでカフェ巡り

2015年に初めてチェンマイを訪れて以来、必ず立ち寄るという旧市街地にある古民家カフェ[Amrita Garden]（タイ）で、仕事を忘れ（？）大好きなマンゴーチーズケーキに見とれる山本さん。日本人女性がオーナーを務める店だそう。

理想のノマドカフェを自ら企画＆運営

2019年11月、大阪にあるゲストハウスのラウンジにノマドカフェ[Work inn]（梅田）をオープン。現在はゲストハウスの閉鎖でクローズしたが、「海外のように開放感のあるカフェを日本にもつくりたい」という夢を叶えた。

世界中からノマドワーカーが集まる街

「文化的に豊かで美しい街」と評されるチェンマイには、居心地のいいカフェが多いのだそう。天井が高く広々とした優雅な空間が魅力的なカフェ[Vieng Joom On Teahous]（タイ）は、「どこもかしこもかわいすぎる！」とのこと。Wi-Fi環境も整っており、作業もしやすいという。

海外で一人暮らし気分を満喫
世界各国の人たちが自宅などを宿泊施設として提供するサービス［Airbnb］を利用して、チェンマイに滞在。ニマンヘミンにあるコンドミニアムの部屋を借り、2か所で10泊滞在。海外で一人暮らしをしている気分に。

海外ではワークスペースが充実
チェンマイにはノマドカフェ以外にも、クオリティの高いコワーキングスペースが多数ある。ノマドワーカー界隈で有名な24時間営業の［CAMP］（タイ）は、世界各国の人びとが利用しているため満席になることも。

食べ物もおいしいチェンマイが大好き
山本さんが幾度となく訪れているチェンマイには、スイーツがおいしいカフェもたくさんあるのだそう。チェンマイいち大好きなスイーツ店［The Volcano］（タイ）のハニーバターチーズトーストがお気に入り。

収入を確保するしくみをつくり「好きなときに好きな場所」へ

ノマドワーカーになってから海外に興味を持つようになった山本さん。さまざまな国を訪れるなかで、「ノマド天国」と呼ばれるタイ北部にあるチェンマイに、今もなおはまっている。あまりに仕事がしやすい環境と人のよさに、6年の間で10回ほど足を運んでいる。

新しい場所で新しい人と出会い、そこから新たな仕事が生まれる。〝ノマドライフ〟を送るようになり、「旅×仕事」が自分に合っていると、山本さんは実感しているようだ。また、ライフスタイルの変化に合わせて仕事ができて、自分自身も自由に変わっていくことができる。そんなところもノマドワーカーの醍醐味だそうだ。

山本さんは、自身が〝ノマドライフ〟を送るきっかけとなった尊敬するノマドワーカーから、「定期的に収入を得るしくみをつくってから旅に出たほうがい

海外ならではの開放感を満喫

台湾のホステル［Star Hostel Taipei Main Station］のラウンジには吹き抜けの小上がりがあり、全面採光で開放感あふれるスペースに。カラフルな座布団が敷かれ、PC作業をするのに最適だそう。

数あるベトナムのカフェの中でイチ押し

ベトナムにもノマドワーカーの心をくすぐるカフェがたくさん。ホーチミンで一番のお気に入りは、［The Nguyens Cafe］。店のななめ向かいにある［バインセオ46］のベトナム風お好み焼きもおすすめだそう。

ビーチから徒歩5分の落ち着けるカフェ

ダナンのメインエリアにあるホテルの1階に入っているカフェ［Tamarind tree restaurant］（ベトナム）は、電源設備もWi-Fi環境も整っておりノマドワーカー向き。テラス席があり、人が少なくて落ち着いた雰囲気。

台湾はオシャレなカフェの激戦区

台湾南部に位置する高雄にある［参。食一CANTEEN］は、古民家をリノベーションしたカフェ。一見するとカラフルなようで実はアンティークものが多く、意外に落ち着けるのだとか。

い」とのアドバイスを受け、これまでさまざまなWEBコンテンツを制作・運営してきた。「TABI CAFÉ」をはじめ、WEB上で発信していることが新たな仕事へと発展していった自身の経験から、「好きなことを仕事につなげたい人は、YouTubeなどのWEBコンテンツをひとつでもつくっておくといいと思います」という。在宅ワークになった今だからこそ、いろんなことにチャレンジするといいのではと提案する。

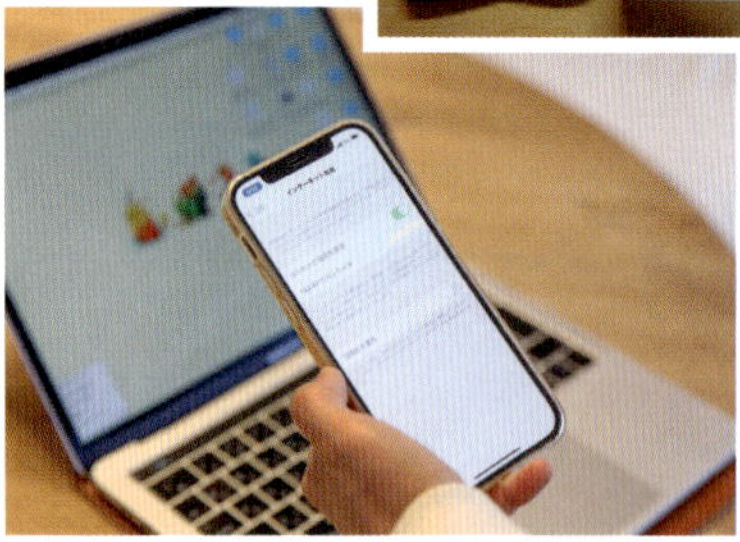

モノをたくさん持ち歩かない工夫
モバイルバッテリーとUSB充電器がひとつになった[PowerCore Fusion 5000（Anker）]は、手のひらサイズでコンパクト。Wi-Fiルーターは携帯せずに、スマホのテザリングを利用することで荷物を少なく。

在宅ワークで重宝＆ノマドワークに必携
超薄型・超軽量のPCスタンド（MOFT）を、MacBookの底面に貼り付けて使用。そのままPCケースに収納もできて持ち運びに便利。高さを調節できるため姿勢がよくなり、肩や目の疲れも軽減されるという。

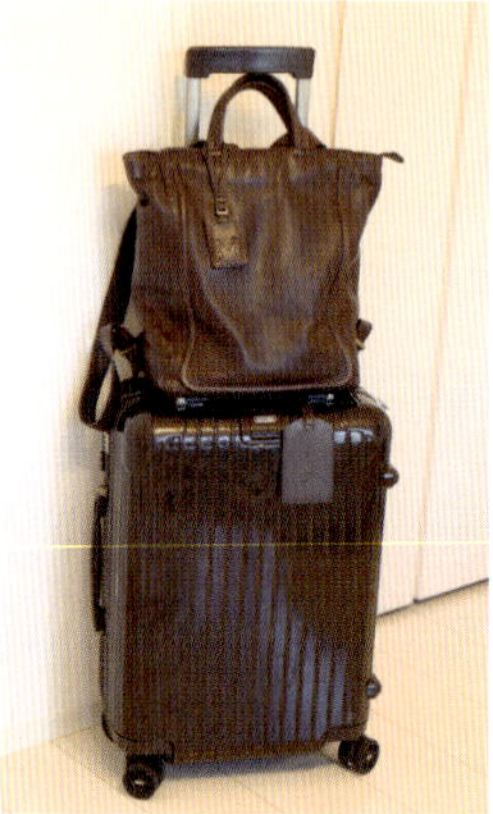

荷物は極力少なくコンパクトに
旅に出るときの持ち物は、この2つに収まる分だけ。海外に1か月ほど滞在する場合でも、機内に持ち込めるサイズのスーツケースに。愛用のリュック（MOTHERHOUSE）は、MacBookがちょうど収まるサイズ感。

ノマド環境をチェック！ 最適なノマドPOINT5

自宅以外で仕事をしたいときに利用する、カフェやコワーキングスペースのノマド環境を要チェック！

- 電源は十分確保できるか？（コンセントの数が多いか？）
- Wi-Fiの速度は速いか？（フリーWi-Fiがあるか？）
- 長時間、座っていても疲れないか？（座り心地のいいチェアやソファか？）
- 常時そこまで混んでいないか？（混み合う時間帯はいつか？）
- 長時間、仕事をしていても気まずくない雰囲気か？（店員さんの目線が気にならないか？）

在宅ワークの気分転換にカフェやコワーキングを利用

山本さんがノマドワークを始めたころよりも、日本もいろいろな場所で、仕事のしやすい環境が整ってきたという。Wi-Fiや電源などの設備が充実したカフェをはじめ、ホテル併設のコワーキングスペースや、海外のように開放感あふれる空間、半個室のようなビジネス利用に特化した空間など、多種多様なニーズに適う場所が増えてきたようだ。

仕事がはかどるカフェ＆コワーキングスペース

山本さんが編集長を務めるWEBサイト「TABI CAFÉ」などにも掲載している、日本国内のカフェ＆コワーキングスペースをご紹介。気分転換に外で仕事をしたいときにどうぞ。

ホテル一体型のコワーキングスペース
[.andwork]（渋谷）：[ザ・ミレニアルズ渋谷]に併設、1日利用可能。https://tabi-cafe.com/6402/

都会のオアシスのようなカフェ
[café 1886 at Bosch]（渋谷）：Wi-Fi＆電源完備、開放感のあるカフェ。https://tabi-cafe.com/6099/

コーヒーにこだわった広々としたカフェ
[BROOKLYN ROASTING COMPANY]（なんばEKIKAN）：高架下にあり、席数多数。https://tabi-cafe.com/5196/

"本の世界を旅するホテル"併設のカフェ
[LAMP LIGHT BOOKS CAFE]（名古屋）：約3000冊の本あり。https://nomad-go.jp/lamplightbookshotel-nagoya/

"縁結び"がテーマの和×洋カフェ
[Starbucks Coffee]（出雲大社）：縁側風ベンチシートあり。https://store.starbucks.co.jp/detail-1208/

フォトジェニックなブックカフェ
[うのまち珈琲店]（クレド岡山）：季節のパフェが人気。https://nopla.me/articles/okayama/4723/

好きな空間にいると仕事がはかどる
雑貨や家具のセレクトショップ[SAKU＊la]（岡山）に、インテリアコーディネートを依頼。大好きなチェンマイのカフェにいるようで、仕事がはかどるのだそう。チェンマイっぽさが感じられるラグは一番のお気に入り。

海外のカフェをイメージして自宅を快適なワークスペースに

チェンマイに行きたいけれど今は行けない、ならば自分の部屋をチェンマイのカフェ風にしてしまおうと思い立った山本さん。「コロナ禍以前は旅先のカフェで仕事をすることが多かったんですが、家にいる時間が増えたこともあって、自分にとって仕事のしやすい空間に整えました」と、カフェのような雰囲気の部屋にしようと思った理由を話す。

ちょうどYouTubeを始めて自宅で動画を撮影するようになり、理想のイメージにはほど遠い空間をなんとかしたいと考えていたため、引っ越しを機に、部屋のコーディネートをプロに依頼。インテリアコーディネーターに「撮影スタジオとして使いやすく、カフェにいるような雰囲気にしたい」と希望を伝え、インテリア選びから配置まで提案してもらい、見事に理想の空間をつくり上げた。今では家で仕事をする時間を幸せに感じるそうだ。

一人掛けソファで快適にPC作業
「マイ・ベスト・オブ・プレイス！」だという、窓際のソファ・コーナー。テラス席の多いチェンマイのカフェ風になるようちょっとしたグリーンを取り入れ、ホワイトウッドのブラインドでナチュラルな雰囲気に。

多目的に使える円形のテーブル
円形のテーブルとデザインの異なる2脚のチェアで、カフェっぽさを演出。円形のテーブルは部屋に圧迫感を与えないデザインとサイズ感で、PC作業でもYouTubeの動画撮影でも重宝している。

静かな港町で海を目前にワーケーション
HafHで泊まれる［NAGASAKI SEASIDE HOTEL 月と海］（長崎）。ドッグ型のラウンジで海を眺めながらひと仕事。オーシャンビューの客室からは日の出を見ることもできる。

シェアハウスに長期滞在
移住先やワーケーションの地として注目を集める五島市にある［HafH Goto The Pier］（長崎）に、2週間ほど滞在した山本さん。コーキングスペースとして、併設のカフェも利用できる。

定額制住居サービス

HafHの魅力

山本さんが「HafHを使ってみて、めちゃくちゃいいなと思った」ポイントをご紹介。

- 世界各国にある450拠点以上に泊まり放題
- ライフスタイルに合ったプランを選択できる
- 基本は相部屋、HafHコインを使って個室利用も可能
- 旅をしながら働きたい人におすすめ（同じ属性のノマドワーカーに出会える）
- 滞在費を抑えて各地をめぐりたい人におすすめ（HafHを通じて新しいホテルなどに出合える）

国内外での「旅×仕事」にサブスク型住居サービスを利用

山本さんが今はまっていることのひとつが、HafH（ハフ）というノマドワーカーにぴったりの定額居住サービスを利用して「旅×仕事」をすること。在宅ワークになって、家でも仕事がしやすい環境を整えたものの、「やっぱり好きなときに好きな場所で仕事がしたい」という欲望はおさえきれない様子。そこで、今年に入ってからHafHを利用して、国内を転々と気ままに旅しているという。

時間を決めて取り組むことで仕事もプライベートも充実させる

山本さんが時間の管理やオン・オフの切りかえに活用しているのはアラーム機能。仕事がとても好きだそうで「旅先でもどこでも、気づけば朝から晩までずっとPCに向かい続けてしまうので……」と、家で仕事をするようになってからはアラームで強制的に仕事モードをオフに。好きなことに没頭してしまうだけに、あえてプライベートの時間をつくるよう意識し始めたところだという。

また以前は、短時間の集中作業をくり返すポモドーロ・テクニックを取り入れ、一定の時間で区切りをつけながら仕事の生産性を上げていたという。成果に結びつけるためには、「まず仕事のしやすい環境に身を置くこと。期間を定めて本気になってやり切ること。そして、それを公言すること」だと山本さん。アフィリエイトで得た大きな成果は、山本さんの本気度と努力の賜物といえるだろう。

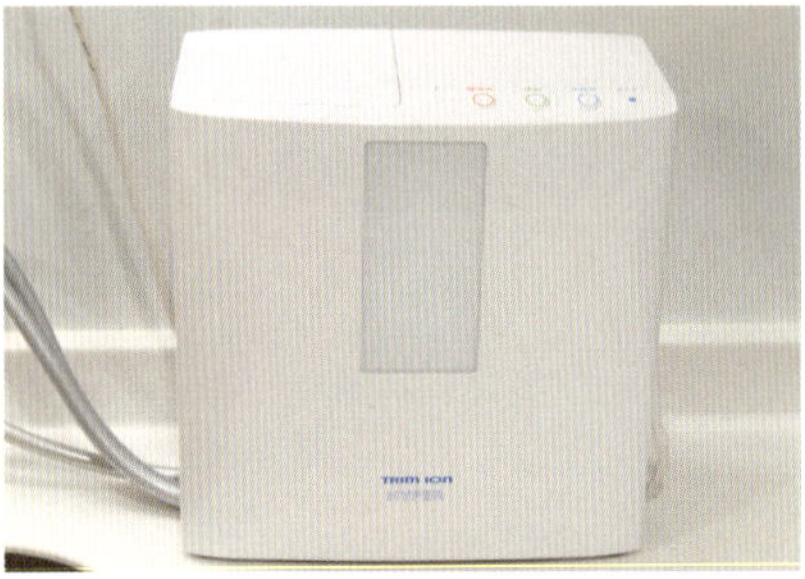

水素水を毎日2ℓ補給&酸性水で洗顔

キッチンのシンク脇に、水素水生成器を設置。水素水・酸性水・浄水の3種類から選べるタイプのもので、水素水は毎日2ℓ飲むようにしている。酸性水で洗顔をすると、翌日の肌の質感がよくなるのだそう。

時にはPCもスマホも持たず旅に出たい

旅先でも常にPCを広げ、スマホで写真を撮り……といった仕事モードから離れて、目の前に広がる美しい景色やおいしそうな食事、人との出会いを、「その瞬間にめいっぱい味わいたい」と思うことも。

夜はジンジャーチャイでほっとひと息

夜はアジアンテイストのランプだけを点し、窓際のソファに腰かけてリラックスタイム。ジンジャーチャイとともに好きな音楽を聴いたり、ネット動画を観たりしながらゆっくり過ごす。

白湯を飲んで朝のウォーキング

在宅ワークを行うようになってからは朝のウォーキングが日課に。寝覚めに白湯を一杯飲んで、脂肪が燃焼されやすい状態にしてスタート。仕事を始める前に頭の中がスッキリして、気持ちも前向きになるという。

ある日の24時間

- 00:00〜07:00 睡眠
- 07:00 ★起床後すぐに［stand.fm］の音声配信
- 白湯を飲んでからウォーキング
- 08:00 掃除
- 朝食
- 仕事（YouTubeや音声配信の台本を作成）（現在進行中のレンタルオフィスの企画を考案）
- 12:00 昼食（外食 or［Uber Eats］で注文）
- 13:00 仕事（カフェ or コワーキングスペースにて）
- 15:00 おやつタイム（大好きなスイーツを食べながら休憩）
- 17:00 週2回はジムで筋トレ＆サウナに入る（ジムに大浴場とサウナがあるのでセットで）
- 18:00 仕事
- 20:00 簡単に料理、夕飯（たまに［Uber Eats］で注文）
- 21:00 Amazon Prime VideoやYouTubeを観ながらゆっくり過ごす
- 23:00〜24:00 睡眠

07:00

起床後すぐにラジオを配信

毎朝7時に［stand.fm］で5分ほど、「ちょっと前向きになれるラジオ」を配信。配信した音声はテキスト化して［note］にも投稿している。

10:00

YouTubeの撮影や台本づくり

YouTubeで配信する動画を撮影中。午前中は自宅で作業をすることが多く、昼食後は気分を変えてカフェやコワーキングスペースで仕事をする。

15:00

ひと仕事終えたところでおやつタイム

岡山市内にあるお気に入りのカフェ［BRILLIANT TEA］でおやつタイム。岡山産のフルーツを使用した月替わりのスイーツを楽しみに通っている。

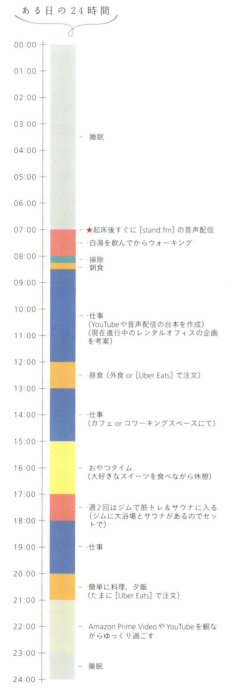

STYLE10
【番外編】フランスで働く日本人のリモートワーク

Takeo Hatai

畠井武雄

デザイナー / アニメーションアーティスト / イラストレーター / フォトグラファー
HP　https://lepivot.com/
Instagram　https://www.instagram.com/takeolepivot/
YouTube channel　[Le Pivot]

起業した当初からリモートワークを志向する人が多かった

テレビのCMやPVのためのデザインやアニメーションを作る会社Le Pivot（ル・ピヴォ）をフランス・パリで経営している畠井武雄さんは、リモートワークを推進してオーガナイズしていくような立場だ。2003年の起業当時、10人くらいのスタッフでコンピュータグラフィックス（以下CG）やアニメーションの仕事をするための作業場を構えた。古い洋服の工場をリフォームした天井高5m、100㎡の大きなアトリエだ。

ただ、フランスでは映画やCGなどのスタッフはほとんどがフリーランスで、プロジェクト単位で契約することが多く、しかも、CGの作業工程は各個人が担当工程を制作する分業制になっている。「シフトが5~10日あり、全員が同時に働いていることはあまりありません。だからわざわざ会社まで来て仕事をするよりも、

旧アトリエ Oberkampf
天井が高く、奥は大きな天窓があり、綺麗な空間。

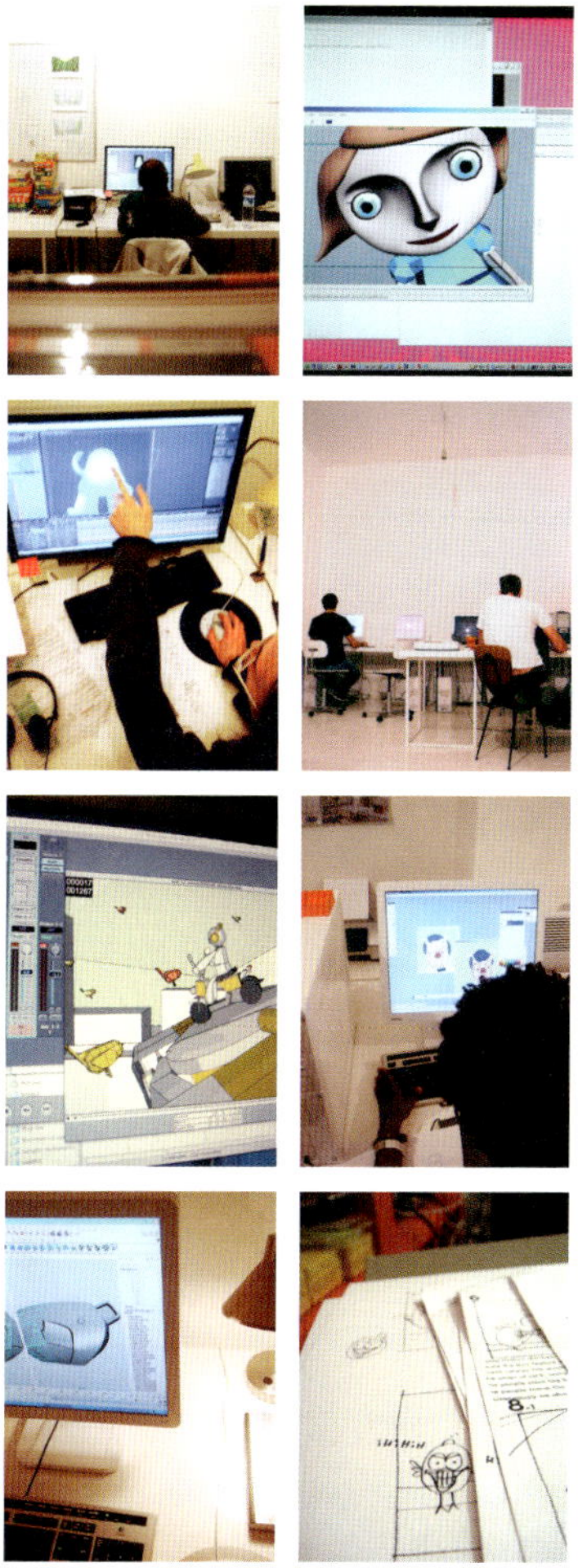

個性豊かなクリエイティブスタッフ
キーボードもマウスもペンタブレットも個人の趣味はバラバラ。

家で仕事をしたいというリモートワークを志向するスタッフが当時から多かった」と畠井さんは言う。

また、どのようなスケールの仕事にも柔軟に対応していくために、制作環境の構築には気を配っていたという。ネットワークサーバーの導入などもその一環で、各スタッフが作った作業ファイルはサーバーに一定のルールで保存され、流れるように次の工程へ処理がなされていくという。

一方、クライアントに対してもリモート営業をし、制作進行もリモートで行われた。仕事の中には、最初のオファーからメールだけで進んでいき、終わったら銀行口座にお金が振り込まれる、クライアントに一度も会わないケースも少なくないという。そのため、自社ウェブサイトでは、ダウンロードができるポートフォリオやオンラインの作品集、ブログやSNS等も活用して見栄え良く作っていくことも大切だと教えてくれた。

自分専用の小さなアトリエはコンパクトに機能的に

ネットワークインフラが大容量になるに従い、リモートワークはますます促進されていった。大きなアトリエから自分だけの小さなアトリエを構えようと物件を探しはじめたと言う。そして契約。「2019年12月でしたが、まだコロナ禍の前兆もありませんでした。〝さあ工事をするぞ！〟となった瞬間にコロナが蔓延し始め、あれよあれよという間にパリ市はロックダウンに入りました」。

工事業者はパリ郊外の会社ということもあり、結局は断られてしまったという。「小さいアトリエでしたし、時間だけはあったので〝自分でやってみるか?!〟と決め、毎日、YouTubeなどで防音壁の作り方、床板の補正方法、断熱材の入れ方などを勉強しては、物資を探していました」。ホームセンターやDIYショップも閉鎖していたこともあり、物資の調達はとても大変だったようだ。

before　**2020年アトリエ工事の様子**

歪んでいる床を水平にする床下の基礎工事。

床と壁と電気配線を撤去。

古い風合いを残しつつ壁の修復作業をする畠井さん。

壁はコーポレイテッドカラーのピンク色に。

床下に防音剤と電気配線を入れてから、18mmの合板で固定。

天井に断熱材と配線を設置するフレーム作り。

早い段階で、「快適なリモートワークのできる空間作り」という発想が固まり、YouTubeで勉強したことで、どんどん欲が湧き、光ファイバー回線、電気配線、防音、断熱、空調、照明など、いろいろこだわったことで、改装費は一桁上がってしまったという。

パリの古いアパートには、東京では当たり前の生活インフラが整っていない。旧都市は建物の取り壊しは禁じられていて、外観は19世紀の「Travaux Haussmanniens－オスマン・パリ改造計画」のまま保存されている。

パリのアパートの煙突風景
屋根には必ず煙突が並んでいて、暖炉を使っている部屋もある。

after

空間作りにオススメのアイテム

Tom Dixonのインテリア提案
[Re-Think] はデザイナートム・ディクソンのインテリア提案だ。リビングに工事現場の道具を使ったり、寝室のベッドに運送用パレットを敷いてみたり、フリーザーボックスで棚を作ったり……住空間を考え直す際の良い材料。

ポールキャット
175～330cmまで伸びる。写真はスモールタイプ。[Manfrotto] のポールキャットは、撮影用の背景ペーパーを固定する機材。銀と黒があって、ライトを固定する金具などもあり、組み合わせることでプロっぽい空間が作れて便利。

アパルトマンというとカッコイイけどボロ家、でもハイテク

あまりハイテクな印象のオフィスビルではなく、人々が住んでいる住宅用アパートの一角で物件探しをしていたという畠井さん。「子どもの誕生日会があったり、夕食の準備の音が聞こえたり、夜には段々と電気が消えていくような空間は、自分の仕事に温かみが出るように思います。そして、利便性で考えると、通勤の道筋に、夕飯の買い物やちょっと気の利いたお菓子や画材の道具が買える店があるのも良かったです」。無農薬野菜の店舗も4〜5軒、スーパーマーケットも3チェーン、美味しいパン屋も朝市もやっている他、画材屋もDIYショップもあるとても便利な場所のようだ。

「環境設備としては光ファイバーネットワークと、相手からなるべく好印象を持ってもらうためにちょっといいウェブカメラとマイクを設置しました。そのままYouTubeでGo Liveできるセッティングです」。そして、外部からでもアクセスできるリモートアクセス対応のNASを設置。Google Driveなどのクラウドサービスも使用するが、このNASに直接アップロードしたりファイル共有したりして使っているという。スマホでアクセスできるアプリも使い勝手がよく便利なのだとか。

小さなアトリエでは、機能性に優れ、かつライトでコンパクトなものを選び設置している。

小さなアトリエの窓から見える人々の暮らし（右上）と中庭の風景（左上）、5歳の誕生日会（右下）、夜になるとオレンジ色の灯りに蒼い空（左下）。

オススメのアイテム①

トランク
左からペリカンケース、EASTPAK、フランス海軍ビンテージ、拾い物、RIMOWA。収納棚を買うよりも、トランクに仕分けして整理するとトラベル感がアップして気分も上がるようだ。

ゴミ箱
絵を描く仕事なのでペーパーレスにするのは難しいが、なるべく無駄のないゴミのないアトリエを目指しているという。この袋は八百屋さんの紙袋。1週間でここに入るくらいに抑えるようにしている。

※ABマーク - Agriculture Biologiqueは有機農業の印

ライトボックス
WESTCOTT SOLIX LEDライト。実際の撮影にもよく使っている。

とにかく可愛いカメラ
ウェブカムに使っている、SONY ZV-1は、Vlog用(ユーチューバーご用達)の自撮りカメラで肌が綺麗に写ります！ クルっと回転するバリアングル液晶モニターは、自撮りしている自分が見えるのでフレーミングにも便利。本来は下のグリップ(自撮り棒)を持ちながら自撮りするためのカメラで、Bleutoothのリモコンで24-70mmのズームも可能。

小さい指向性マイク
マイクは、イタリアの[Ik multimediaのirig mic]。iPhone、iPad、Mac、PC及び一部のAndroidとつながる新しいマイク。「小さいですが、とても美声で録れます」

アナログ時計
57×57mmの小さいBRAUN時計、旅行用としても便利。

NAS QNAP
QNAPアプリもスマート！
NAS (Network Attached Storage) は、台湾のQNAPを繋げている。

自宅に仕事場を構築したが家族の前では仕事厳禁?!

一方、子どもが生まれたのをきっかけに、畠井さんは自宅の階段下にも小さな仕事場を作った。

「朝8時半には保育園に連れて行き、18時には家に帰っているような生活サイクルの変化です。妻も外で仕事をしていたので、炊事、掃除、洗濯なども分担するようになりました」そのため、2020年のコロナ禍での完全リモートワークへのシフトは、そんなに驚くものではなかったと言う。

自宅に仕事場を構築した畠井さんだが、「家族の前では仕事は厳禁」なのだと言う。親が仕事をしていると、無意識に家庭に緊張感が伝わってしまうからだそう。「家はやっぱり家族がリラックスできる場でないといけません」。どうしても仕事をしないといけない時は、夜みんなが寝静まってから、コソコソと仕事をするのだとか。それでも、子どもは親のことをよく見ていて、「あの光るやつ貸して欲しい〜」と言って、ライトテーブルで自分の絵を清書したり自然にできるようになったと言う。

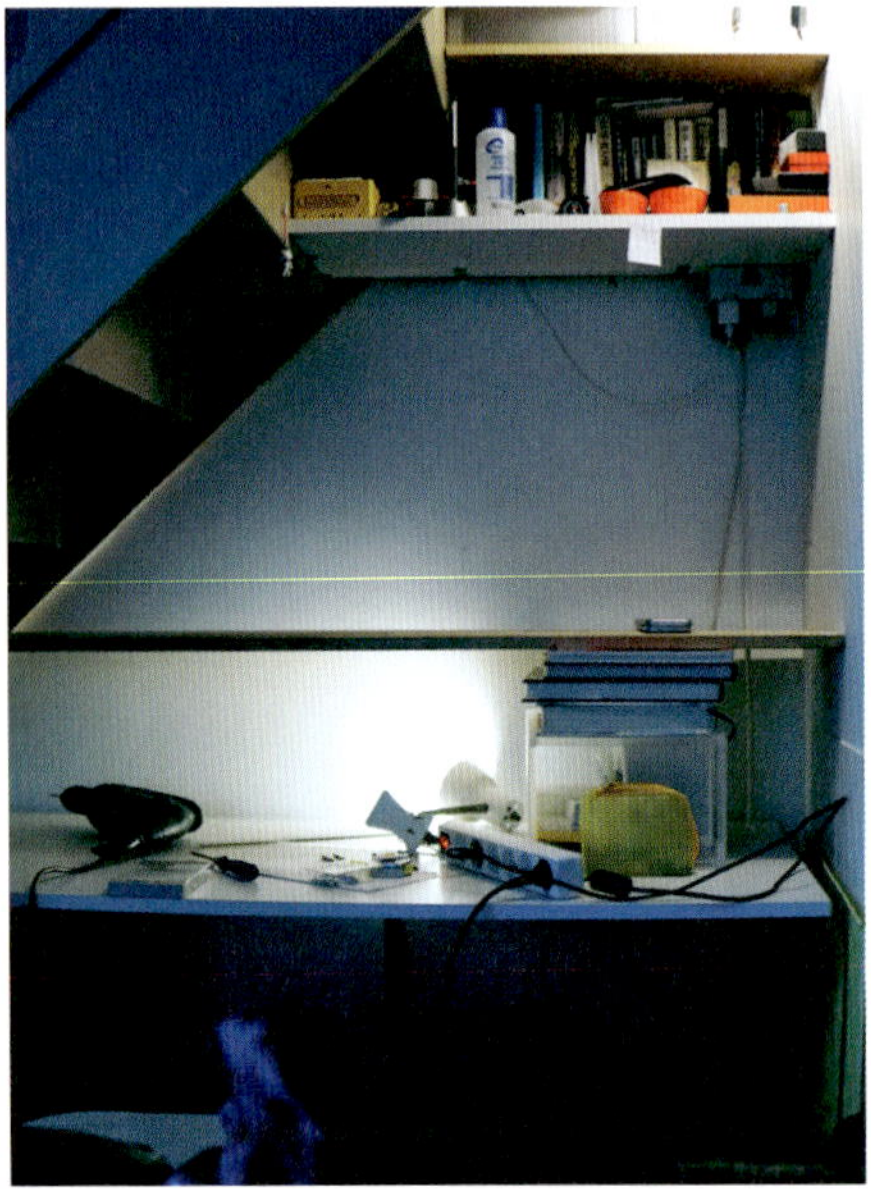

階段下の自宅の仕事場（工事中）
普段はカーテンで目隠しされている。

娘さんが描いた畠井さんお気に入りの1枚。

子どものお絵かき
小さい頃からデジタルツールに慣れている。

フランス国営テレビの特設教育コンテンツ「Lumni」

2020年春からフランスも同じく、コロナウィルス（COVID-19）の影響で商業、文化施設や学校が閉鎖となり、パリ市はロックダウン（都市閉鎖）となった。郊外からの移動ができないため、会社勤めの人々もリモートワークが推奨されたと言う。

学校の対応は速く、1週間後にはリモート授業を開始。まだまだ全ての学校がオンライン授業を行うまでにはなっていなかったが、国営テレビの特設教育コンテンツ「Lumni」は小中高向けの充実したコンテンツをいち早く用意したと言う。「特筆すべきは、スタジオで撮影される教師たちや、自宅からリモートで授業やコメントをする教師など、シームレスに授業や番組が運営されていた事。スタジオの映像はもちろん綺麗ですが、その他の中継画像が、それぞれのウェブカムクオリティーでまちまち。でも、それが“今”を感じるリアリティーある番組でした」と、畠井さんは当時を振り返る。

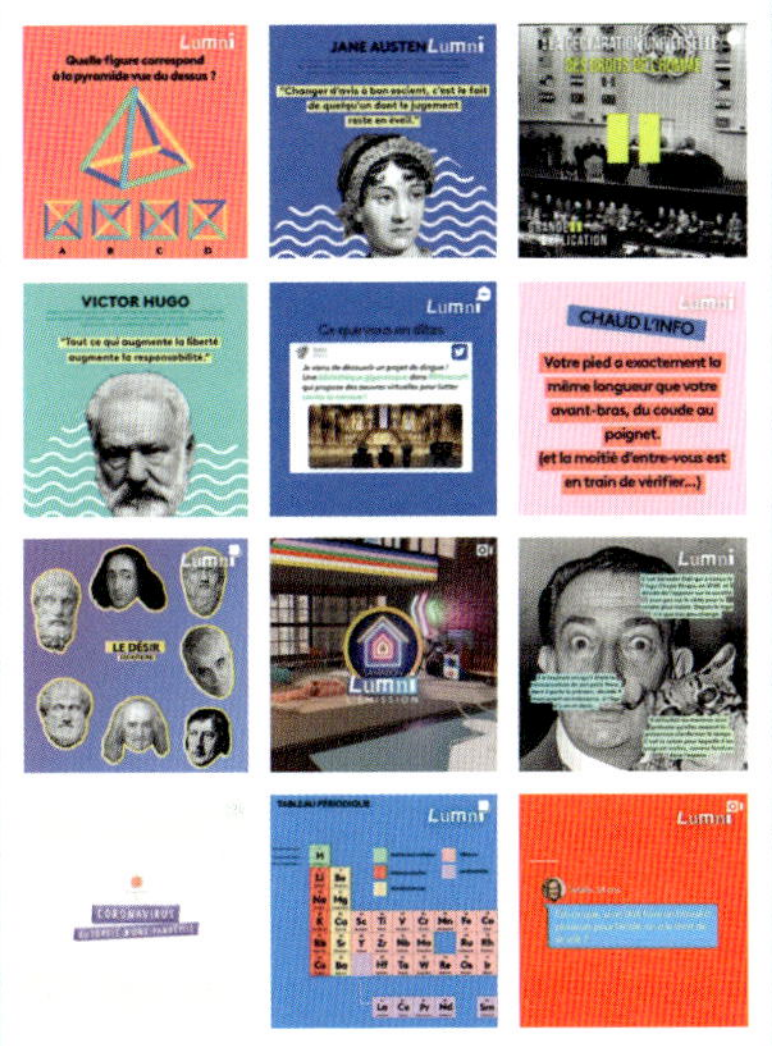

@lumnifr
「Lumni」はフランス教育省がConfinement（外出禁止期間）のためにフランステレビジョン、ラジオフランスなどの公共放送局と共に立ち上げた教育のプラットフォーム。

リモート授業の様子
コロナが始まってから初めてのリモート授業の様子。「先生もクラスメイトも凄く嬉しそうでした」。

アイデアは降ってこない！歩くスピードと距離の関係

畠井さんの仕事は、「アイデアが出るか、出ないか」が勝負のようなところがあり、これまでも、アイデアが出なかった苦しい経験が何度もあったという。

人の記憶をつかさどる脳の部位に「海馬」と呼ばれるタツノオトシゴに似たものが耳の近くの左右それぞれにある。新しいアイデアは空から降ってくるのではなく、過去の記憶と新しいインプットの掛け算だったり、過去と過去のシャフルで出来上がると考えられている。畠井さんにとって、その記憶の源泉である海馬を刺激する方法は、「違った風景が流れていくこと」。それには「歩くスピードが一番良い」という理由から「家から歩いて20分の距離にアトリエを構えました。アトリエの行きと帰りに距離があることで、自然にオンとオフに気分が切り替わるのも良いですね」と、畠井さん。普段から自転車も乗るそうだが、自転車はスピードがすこし速いという。

一方、50歳になってからフルマラソンを始めたという畠井さん。「僕はスロージョギングをお勧めします」。スロージョギングとは、遅いジョギングという意味ではなく、ランニングフォームが違うと言う。足が着地するときは、踵ではなく爪先から降ろす。そうすることで、ふくらはぎ、太ももなどの筋肉で着地の振動を受け止めて、関節への衝撃を減らしてくれるそうだ。「朝の30分くらいのジョギングは脳を活性化させ、その後の仕事のパフォーマンスを上げてくれますよ！」。

畠井さん愛用のアシックスのシューズ
日本人にはアシックスが合うのだとか。

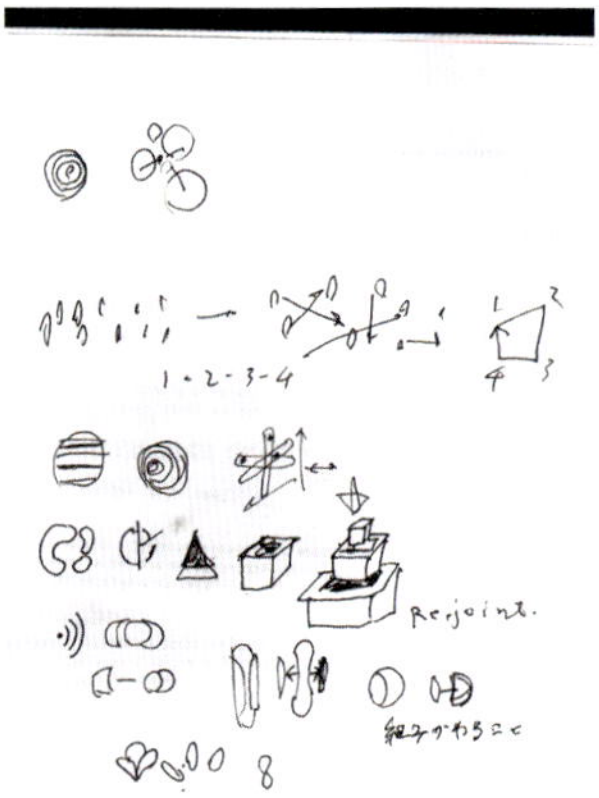

アイデアノート①
MOLESKINEのポケットサイズのノートは使いやすい。

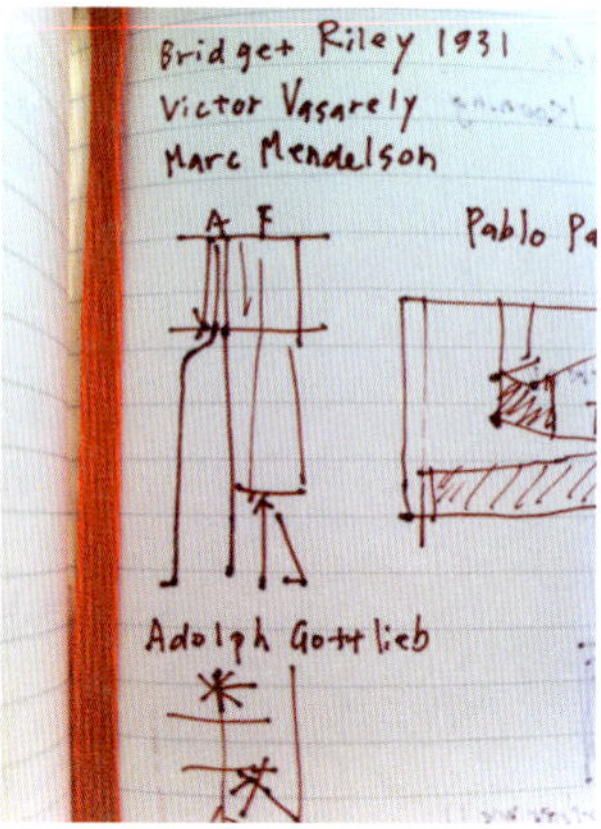

アイデアノート②
歩きながら湧いたアイデアたち。

なるべくストイックに、窮屈なくらいがちょうどいい

朝の習慣として、カップ2杯分くらいの250ccのお茶を淹れるという畠井さん。「それを保温ポットに移して、それが無くなったら今日の仕事も終わりです」。保温ポットは昔からあるデンマークの老舗Steltonのテイクアウト用のポットを使用。保温性と気密性が高く、そのまま公園や自転車ツーリングに持ち出せて便利なアイテムだそう。

「お気に入りのアイテムはいろいろあります。アトリエのコンセプトは、登山家のリュックサックのようにコンパクトに機能的に。そして趣味的に仕上がっています。快適な生活空間というよりは、冒険中のちょっと苦しいキャンプ生活のような感じで、山生活の道具もいろいろ使っていますね」。

コーヒーミル
時々オフの日に手挽きコーヒーを淹れるのだそう。ミルは［カリタ コーヒーミル KH-10 BR］を使用。一回に20gくらいゴリゴリしている。

保温ポット
［Stelton To Go Click Thermo Cup 0.2L］ワンプッシュで開閉できて便利。

お茶各種
ジャスミンティー、ハーブティー、グリーンティーなど。

ガスボンベ
ガスボンベも鍋（MSR SuperFly）も［MSR］のもの。キャンプではお米を炊くのに使用。ヨーロッパはバックパッカー文化が根付いているため、MSRのガスボンベも山に近いガソリンスタンドや食料品店で簡単に購入できる。

ケトル
［bodum - BISTRO 1.300W 1L］小さくてすぐに沸騰して便利。

仕事着と照明が仕事のオンとオフの切り替えになっている

リモートワークでの工夫のひとつとして、「仕事着」が重要だという。「一人で仕事をするので、仕事の時にきちっとスイッチが入るのがいいです」。「イチロー選手が仕事のスイッチを入れるのにユニフォームが大事という話をされていて、とても納得できました。ヒットを打って一塁に走ると、塁上でヘルメットを取って、手袋のマジックテープを付け直して、盗塁をするスイッチを入れるそうです。僕は、エプロンや作業手袋がそのスイッチ効果を出してくれています」。「デザイナー」という肩書よりも「職人」と呼ばれる方がしっくりくるという畠井さん、ワークパンツや、カーペンターパンツなどをユニフォーム代わりにしているそう。たとえ人と会わない日であっても、キチンとした小ざっぱりした恰好を心がけている。「ワークパンツでもジャケットを羽織るとシックに見えます」。

そして、もうひとつは照明だと言う。部屋には、「デスクライト1灯」「全体を照らす天井用ライト3灯」「美肌用ライトボックス1灯」「雰囲気を上げる遊び用調色ライト［色が変えられる］1灯」の照明があるが、仕事をする時はデスクライトだけで、部屋全体は暗くしているという。タングステン電球はオレンジ色の光ではなく、5000K（ケルビン）くらいの青に近い色に調光。この状態が「仕事モードON」の状態。アトリエが片付いていなくても、それほど気にならないのも良い効果だという。

ワークパンツ
Carharttのパンツで、左右にツールポケットが付いているものを愛用。

仕事モードON
スクリーンとデスクトップだけが明るい。

仕事モードOFF
カーテンを開けると日当たりもとても良い。

疲れた体を癒やす
オススメのアイテムたち

お酒

リラックスするために、ウオッカやスコッチウイスキーを少し楽しむ。ショットグラスに1杯だけで、いい香りが気分を緩めてくれるという。「ワインも好きですが、アトリエでダラダラ飲むのは避けています」。ポーランドのウォッカSiwucha、メキシコのテキーラCorralejo、スコットランドのウイスキーThe Balvenie 12、昔ながらの自然酵母を生かしたナチュラルワインも美味しい。

トリガーポイント、ヨガマット、ダンベル

トリガーポイント(左)は、首、肩、腰、まさにデスクワークにピッタリな自重トレアイテム。ヨガもティラピスも昼寝もできるヨガマット(中央)は、「CGやビデオ編集には、コンピュータのレンダリングという計算待ち時間があります」と、その間に筋トレや自重トレを行うと言う。ダンベル(右)は、片方15kgくらいほどのもの。絵を描いたり、デザインの持久力を上げるのが目標。筋肉をつけると骨折防止にも。

カマヤミニ

疲れた心と体を温めてくれるお灸。脚の脛の両脇に「三里のツボ - 足三里」というツボがある。そこにお灸を据えると、「もう三里歩けるよ!」というくらいの回復力を得ることができる。

お弁当の残り物で夕食を作るという発想

「ここ5年くらい、お弁当を作っています」と畠井さん。愛用しているのはアウトドア用のお弁当箱で、リュックサックにピッタリ収まるもの。保温ケースのまま暖炉や薪の前で（ヒーターの上でも）温められ便利なのだという。

「お弁当は残り物の場合も多いですが、発想を変えて、お弁当の残り物で夕食を作ろうと考えるとやりがいが出ます」と畠井さん。家に帰ってゼロから料理を始めるのは億劫だが、朝の身支度の間に下ごしらえをしておくことで、玉ねぎを8時間スロークッキングした美味しいカレーを作ることもできる。お肉を、ごま油、醤油、ニンニクと生姜でマリネして1〜2日置くと、竜田揚げでもローストでもすぐにできると、時短・作り置きレシピを教えてくれた。

「ローズマリー、パセリ、タイム、バジルなどは窓辺ガーデニングでも育ちますので便利ですし、心安らぎます。一度植えると来年も芽を出してくれる多年草の苺なども喜ばれます。もし、在宅ワークでキッチンの近くで働けるのなら、それはそれで良い生活サイクルが作れるのではないでしょうか」。畠井さんのお家では、このコロナ禍の好影響として、パパ料理の腕が向上した模様だ。

ガーデニング
苺は毎年収穫でき、窓辺ガーデニングでは大体食べれるものを育てている。

お弁当
これで三代目（Valira Nomad 0.75 L)。自家製パセリが新鮮！写っているナイフは老舗ナイフメーカー OPINEL のもの。

オススメのアイテム②

トランシーバー
キャンプ用に購入。この小さいトランシーバーは、子どもと親をつなぐ心のホットラインでもある。

SONYのスピーカー
［Sony SRS-XB01］小さいのに重低音がスゴイ。オフィスでもアウトドアでも、ヨガでもストレッチでも気分転換に最高なもの。

2020年4月ロックダウンのパリの風景

STYLE06 〉〉 070

ゆきちのホーム YUKICH NO HOME

住宅・インテリアアドバイザー

独学で間取りやインテリアについて学び、自ら考案した間取図をハウスメーカーに提案して注文住宅を建てる。家づくりの参考になればと開設したブログ「ゆきちのホーム（マイホーム間取り研究所）」での情報発信をはじめ、「生活にデザインを」をコンセプトとしたYouTubeチャンネルにて、日々の生活が豊かになるアイデアを提案している。

STYLE07 〉〉 080

たかしまてつを Tetsuo Takashima

画家 / イラストレーター

1967年生まれ、愛知県出身。1999年、ボローニャ国際絵本原画展入選。2005年にほぼ日マンガ大賞、同年に二科展デザイン部イラストレーション部門特選賞を受賞。主な作品に「ブタフィーヌさん」（ほぼ日）、「ビッグ・ファット・キャット」シリーズ（共著／幻冬舎）、『40歳からのハローギター』（幻冬舎）、絵本『とりがいるよ』『たまごがあるよ』『いっしょにするよ』『おてて だあれ？』（角川書店）、『おうちどうぶつえん』『おうちすいぞくかん』（MdN）など。

STYLE08 〉〉 092

nidones mio & yu

YouTuber

「nidones」として活動するミオさん＆ユウさんカップル。MUJI×URのリノベーション賃貸に住み、団地での二人暮らしの日々を記録したVlog（Video Blog）をYouTubeで配信。TwitterやInstagramでも、衣・食・住を通じたおうち時間の楽しみ方や、二人で紡ぐていねいな暮らしを紹介している。自然が身近に感じられ、好きなものに囲まれた空間で、夢の実現に向けてクリエイティブ活動を行う。

STYLE09 〉〉 102

山本ゆうこ Yuko Yamamoto

ノマドワーカー / ブロガー /
WEBサイトの企画・運営

1985年生まれ、岡山県出身。2014年にWEBサイトの制作・運営（ブログ・アフィリエイト）を開始。2015年に会社を退職し、ノマドワーカーに。ブログやSNS、YouTubeを中心に、自身の仕事やライフスタイルについて発信しながら旅する“ノマドライフ”を始める。現在も国内外で「好きなときに好きな場所で」ワーケーションを実践している。

STYLE10 【番外編】〉〉 112

畠井武雄 Takeo Hatai

デザイナー / アニメーションアーティスト /
イラストレーター / フォトグラファー

1968年、大阪生まれ。2000年に渡仏し、2003年にデザインスタジオLe Pivot（ル・ピヴォ）を設立。コンピューグラフィックス、アニメーション、WEBなどのコンテンツ制作を行う。

【イラスト】テレワーク・在宅ワークで変わる住まいへの意識と実態 〉〉 002

ヤマダマナミ Manami Yamada

グラフィックレコーダー /
理系イラストレーター

【飾って振り返りたくなる】詳細なグラレコを得意とし、企業の会議、起業家向けセミナー、IT関連イベント、地域コミュニティなど年間100件以上の現場で活動中。

達人たちのプロフィール

PROFILE

STYLE01 〉〉 012

ぴろり PIRORI

IT企業OL / 週末YouTuber

1993年生まれ、熊本県出身。「ぴろり」は高校時代からのニックネーム。現在、都内のIT企業でSaaS系プロダクトのマーケティングマネージャーとして働いている。土日に週1でYouTubeを更新。趣味はYouTubeの配信＆視聴、掃除、カフェ巡り、アイドル鑑賞。大好きなアイドルのダンスを見て、コピーして踊ることが得意。

STYLE02 〉〉 022

野依達平 Tappei Noyori

YouTuber / プロダクトデザイナー

1989年生まれ、福岡県出身。AB型。美術大学を卒業後、国内文具メーカーにて7年半、開発から生産まで一貫したデザイン業務に従事し、インハウスデザイナーとして数々の賞を受賞する。2020年より屋号を[CROSSTY]として独立。右も左もわからない状態からYouTubeに挑戦中で、今後はYouTubeを中心に活動を展開していく予定。

STYLE03 〉〉 032

石井亜美 Ami Ishii

モデル / YouTuber

Satoru Japan所属、「日本一親しみやすいモデル」として多方面で活躍中。モデルとしての活動を軸に、メイク・ファッション・ダイエット・旅行など自身のライフスタイルを中心に、“ためになる！”“ハッピーになる！”情報をYouTubeで配信。姉妹で運営するセレクトショップ[MIRIAM vintage]のブランドディレクターを務めるほか、雑誌連載や書籍の執筆など多岐にわたって表現活動を行う。

STYLE04 〉〉 044

鳥羽恒彰 Tsuneaki Toba

ブロガー / YouTuber /
コンテンツプランナー

1993年、茨城県日立市に生まれ、福島県郡山市にて高校時代を過ごす。大学卒業後、企業にてPRやマーケティングの経験を積み、2018年に独立。学生時代から執筆・運営するブログ「トバログ」(月間40～60万PV)の人として活動しており、2020年からはYouTubeチャンネルも開設。現在、雑誌やWEB媒体にてガジェットやモノに関するコラムを多数執筆中。自称「ミニマリストの対岸にいる人」。

STYLE05 〉〉 058

さいとうあい。 Ai Saito

広告代理店アートディレクター /
グラフィックデザイナー

1992年生まれ。学生時代にファッションデザインを学んだ後、大手企業にてビジュアルデザインを専門とし、現在は広告代理店にてアートディレクションやグラフィックデザインに従事。主に、広告やグラフィック表現を手がける。ファッション・映画・写真・音楽・アニメ・漫画などサブカル好き。

制作スタッフ
［装丁・本文デザイン・DTP］ 松川直也
［撮影・動画キャプチャ］ ぴろり（P.12～21）野依達平（P.22～31）
永山昌克（P.32～43, 68～69）鳥羽恒彰（P.44～57）
さいとうあい。（P.58～67）ゆきちのホーム（P.70～79）
たかしまてつを（P.80～91）nidones（P.92～101）
山本ゆうこ（P.102～111）畠井武雄（P.112～125）
［イラスト］ ヤマダマナミ （P.2～7）
［取材・ライティング］ コバヤシヒロミ（P.12～111）
［column・ライティング］ 永山昌克（P.68～69）
［協力］ 株式会社サトルジャパン

［企画・編集］ 石川加奈子
［編集長］ 山口康夫

リモートワークの達人たちに学ぶ
家での働き方とモノ選びと

2021年7月1日　初版第1刷発行

編者　MdN編集部
発行人　山口康夫
発行　株式会社エムディエヌコーポレーション
〒101-0051　東京都千代田区神田神保町一丁目105番地
https://books.MdN.co.jp/
発売　株式会社インプレス
〒101-0051　東京都千代田区神田神保町一丁目105番地
印刷・製本　日経印刷株式会社

Printed in Japan

【カスタマーセンター】
造本には万全を期しておりますが、万一、落丁・乱丁などがございましたら、送料小社負担にてお取り替えいたします。お手数ですが、カスタマーセンターまでご返送ください。

【落丁・乱丁本などのご返送先】
〒101-0051　東京都千代田区神田神保町一丁目105番地
株式会社エムディエヌコーポレーション カスタマーセンター
TEL：03-4334-2915

【内容に関するお問い合わせ先】
info@MdN.co.jp

【書店・販売店のご注文受付】
株式会社インプレス　受注センター
TEL：048-449-8040／FAX：048-449-8041

ISBN 978-4-295-20151-9 C0077